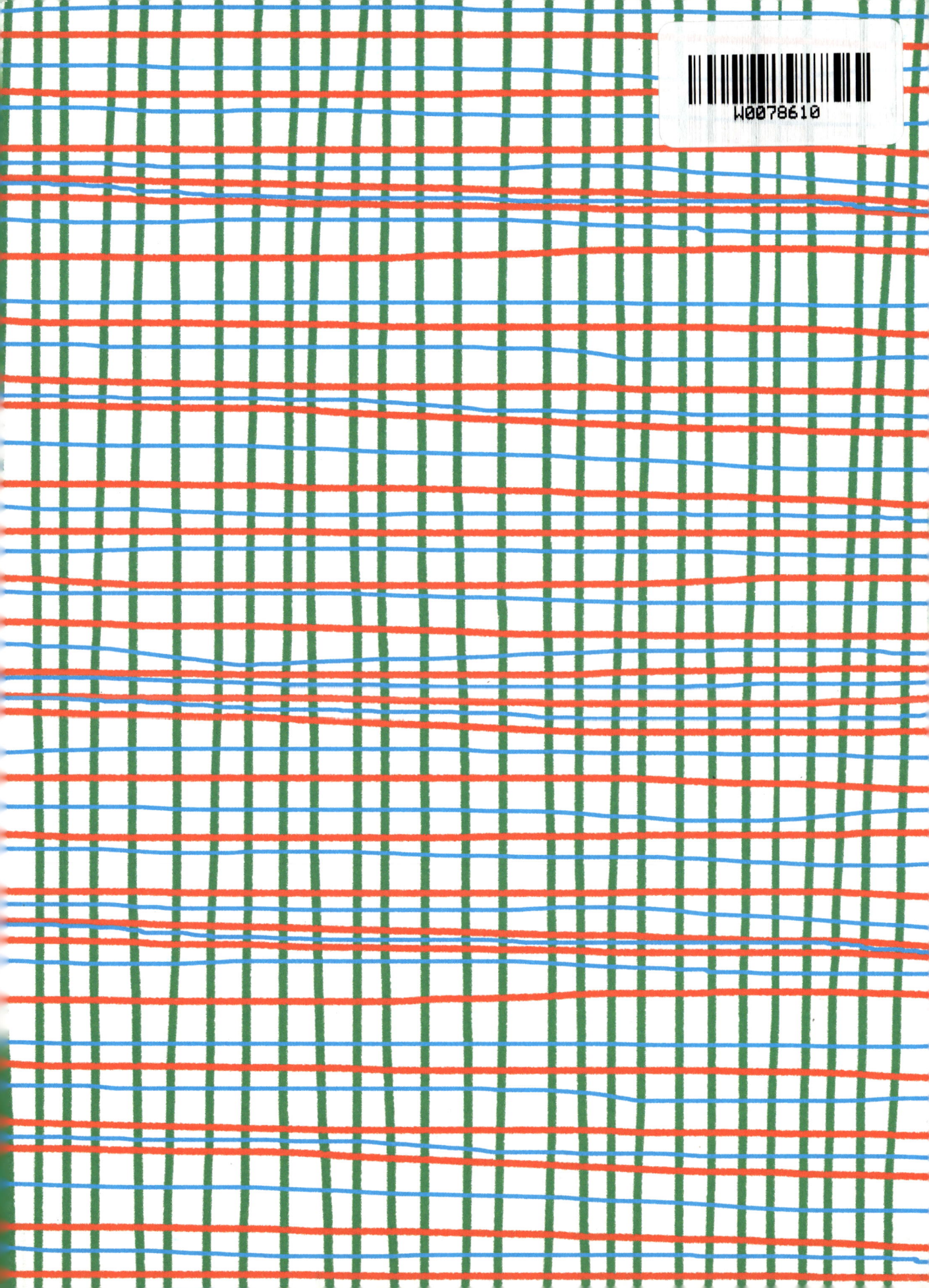

Papierflieger
für Kreativkids

3 ... VORWORT

4 ... MATERIALKUNDE

6 ... GEWUSST WIE

8 ... FIGHTER

10 ... Rasender Pfeil

14 ... Combatant

16 ... Booster

18 ... Armeeflieger

21 ... Luftpirat

24 ... NATURFLIEGER

26 ... Pterosaurus

30 ... „Mach die Fliege!"

32 ... Blätterwirbel

36 ... Brieftaube

40 ... Cho, der Schmetterling

42 ... FLIEGENDE HELDEN

44 ... Sky-Diver

46 ... Unschlagbarer Superheld

50 ... Fledermausmann

52 ... Sternenritter

54 ... UFO

56 ... Aladins fliegender Teppich

58 ... NACHTFLIEGER

60 ... Jagendes Oculus

63 ... Scrapper

65 ... Scrapper mit Düsen

68 ... Graf Dracula

70 ... Löschflugzeug

72 ... Transformer

76 ... VORLAGEN

79 ... BUCHTIPPS FÜR DICH

80 ... AUTOR/IMPRESSUM

Vorwort

Sicherlich kennst du bereits selbst die eine oder andere Möglichkeit, Papierflieger zu falten. Auf den folgenden Seiten findest du noch viel mehr als nur einfache Papierflieger. Bis auf einige Klassiker wurden alle Flieger für dieses Buch neu entworfen und sie haben neue Gestalten und Formen. Sie alle können fliegen, gleiten, schwirren oder schweben und sind durch einfache Faltanleitungen leicht nachzubasteln.

Kämpferische Armeeflieger, gefährliche Luftpiraten, wendige Flugsaurier und sogar Transformer-Flieger sind dabei. Aber auch Fliegen, Schmetterlinge, fliegende Teppiche, UFOs, ja sogar Superhelden und vieles mehr, kannst du in diesem Buch finden und nachbasteln.

Aber das ist noch nicht alles! Es gibt auch Tipps und Wettflug- oder Spielideen. Außerdem ist beschrieben, wie du deine unterschiedlichen Flugobjekte ausgestalten kannst. Natürlich sind dies nur einige Vorschläge, und ganz sicher fallen dir auch eigene originelle Varianten ein.

Beginne mit dem ersten Flieger, der besonders ausführlich beschrieben ist, damit du lernst, mit den Beschreibungen umzugehen. Die letzten Flieger in diesem Buch sind für fortgeschrittene Papierflugzeugkonstrukteure – auch du kannst einer werden!

Viel Spaß beim Falten und Werfen wünscht dir

Materialkunde

Für die Papierflieger in diesem Buch benötigst du farbiges Papier in der Größe von Drucker- oder Schreibpapier. Die Papiergröße nennt sich A4. Ein horizontal in der Mitte geteiltes A4 Papier ist ein A5 Papier. Dieses Papier sollte zwischen 80 und 130 g/m² schwer sein.

Du kannst auch bedrucktes Papier, Bastelkarton, Fotokarton oder Elefantenhautpapier verwenden. Also alles, was flach ist und gebogen werden kann. Je leichter das Material ist, umso kleiner kann der Papierflieger gefaltet werden.

Es gibt im Handel viele verschiedene bedruckte Origamipapiere. Wenn du schönes quadratisches Papier (Origamipapier) für einen Flieger verwenden möchtest, der aus einem A4 Papier gefaltet wird, kannst du einen Streifen des Origamipapiers abschneiden. Richte dich dabei nach der Tabelle:

10 cm x 10 cm Origamipapier:	3 cm abschneiden.
15 cm x 15 cm Origamipapier:	4,5 cm abschneiden.
20 cm x 20 cm Origamipapier:	6 cm abschneiden.
25 cm x 25 cm Origamipapier:	7,5 cm abschneiden.

Wenn du einen Streifen abschneidest, beachte das Muster. Manchmal geht das Muster symmetrisch von der Mitte aus. Schneide dann einen halb so breiten Streifen wie angegeben links und rechts vom Origamipapier ab.

Ansonsten brauchst du zum Bemalen Stifte oder zum Bekleben Sticker bzw. buntes Papier. Außerdem benötigst du eine Schere, ein Lineal und einen Klebestift, evtl. Motivstanzer sowie für einige Flieger Büroklammern oder kleine Wäscheklammern zum Beschweren.

Gewusst wie

Zum besseren Verständnis der Faltanleitungen in diesem Buch kannst du den ersten Flieger „Rasender Pfeil" nachfalten. Dann weißt du, wie die weiteren Anleitungen zu verstehen sind. Wichtig ist dabei, dass du dir immer das Bild des nächsten Faltschritts ansiehst. Das Bild zeigt dir nämlich, wie der Flieger nach deinem aktuellen Faltschritt aussieht. Wenn du aber wirklich mal nicht weiterkommst, dann frage deine Geschwister, Eltern oder Freunde oder mache einfach eine kurze Pause und falte später weiter.

Symbole

Hier ist eine Zusammenfassung aller Faltsymbole. Hier kannst du jederzeit nachschauen, wenn du in einer Faltanleitung nicht mehr so genau weißt, was ein Pfeil oder eine bestimmte Linie bedeutet. In den ersten Faltanleitungen werden alle Faltsymbole nochmals ausführlich erklärt.

Talfalte

Gestrichelte Linie

Pfeil mit schwarzer Spitze, der die Faltrichtung anzeigt

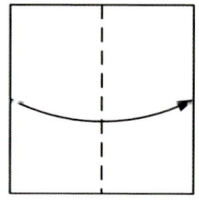 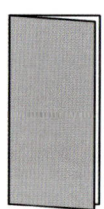

Bergfalte

Strichpunkt-Linie

Pfeil mit offener Spitze, der die Faltrichtung anzeigt

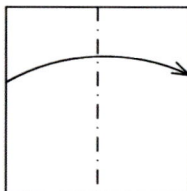 

Das brauchst du immer

Deine Basisausrüstung besteht aus folgenden Materialien und Werkzeugen:

* farbiges A4 Papier zwischen 80 und 130 g/m² (Papier oder Bastelkarton oder Fotokarton oder Elefantenhautpapier)
* verschiedene bedruckte Tier-Origamipapiere
* verschiedene bunte Papiere (Glanzpapier, Transparentpapier)
* Filzstifte
* Buntstifte
* Bleistift
* Sticker
* Schere
* Lineal
* Klebestift „UHU stic klebestift glue stick"
* Büroklammern oder kleine Wäscheklammern
* evtl. Motivstanzer

Auffalten

Pfeil mit weißer Spitze, der die Faltrichtung anzeigt

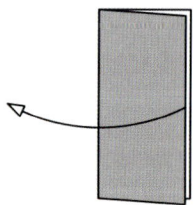 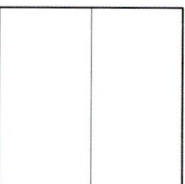

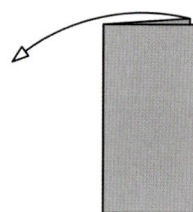 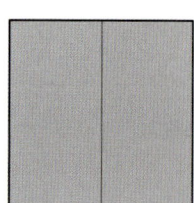

Die dünne Linie zeigt an, wo bereits gefaltet wurde.

Talfalten und wieder auffalten

Gestrichelte Linie

Pfeil mit einer schwarzen und einer weißen Spitze

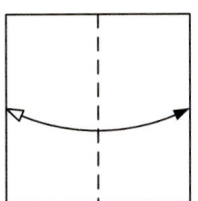 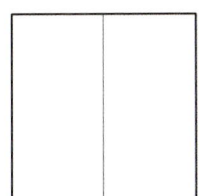

Bergfalten und wieder auffalten

Strichpunkt-Linie

Pfeil mit einer offenen und einer weißen Spitze

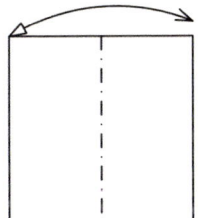 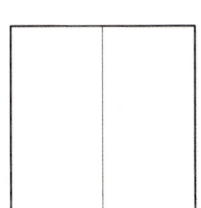

Schwarze Punkte

Markierungspunkte zeigen, dass diese Punkte aufeinander gefaltet werden.

Talfalte

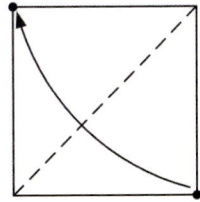 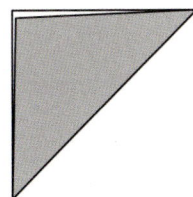

Bergfalte

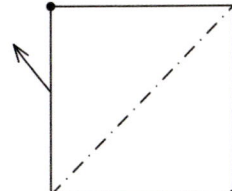 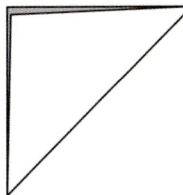

Papier umdrehen

Ein Pfeil mit einem Kreis neben dem Faltschritt

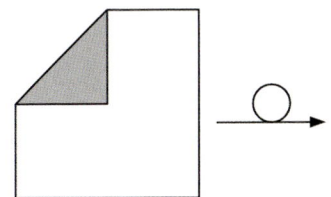

Hintergrund

Gepunktete Linie

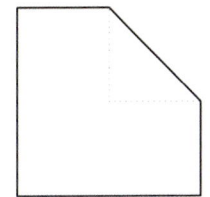

Faltschritt wiederholen

Pfeil mit Kästchen und einer oder zwei Zahlen (von ... bis ...), die den oder die zu wiederholenden Faltschritte anzeigen

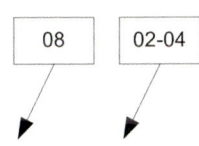

Eindrücken

Weißer dicker Pfeil

Hasenohr

Beim „Hasenohr" werden zwei Papierkanten eines Dreiecks gleichzeitig auf die dritte Kante des Dreiecks gefaltet. Hier in der Zeichnung sind es die zwei oberen schrägen Kanten, die auf die untere Kante gefaltet werden. Dabei wird die obere Spitze zusammengefaltet und nach links oder rechts gefaltet.

7

Fighter

Die Fighter sind Hochleistungsflieger, die allen Ansprüchen gerecht werden. Ob Weit-, Dauer- oder Lastenflug, alles ist möglich. Den Rasenden Pfeil kennst du vielleicht schon, aber seine Varianten als Combatant oder Booster zeigen dir, wie du den Pfeil noch falten kannst. Der Armeeflieger ist ein Dauerflieger, er bleibt lange in der Luft, und der Piratenflieger ist mit seinen großen Tragflächen bereit, einiges an Beute zu tragen.

Rasender Pfeil

der Name ist Programm

Motivgröße
ca. 30 cm x 10 cm x 6 cm

Material
* etwas festeres, farbiges A4 Papier

Wenn du schon mal vor diesem Buch Flieger gefaltet hast, dann sicherlich eine Version von diesem sehr schnellen Pfeil. Für einen Weitflugwettbewerb ist der Pfeil einer der besten Flieger. Der Pfeil ist schnell und durch seine Spitze sehr gefährlich. Achtung: Du darfst ihn nicht auf Menschen oder Tiere werfen!

1 Lege das Papier so, wie abgebildet, vor dich auf einen Tisch und falte die untere Kante genau auf die obere Kante. Der Pfeil zeigt dir, in welche Richtung du falten musst – hier also von unten nach oben. Die gestrichelte Linie und die schwarze Pfeilspitze bedeuten, dass du die untere Seite auf die obere Seite obendrauf falten musst. Diese Faltung nennt sich Talfalte.

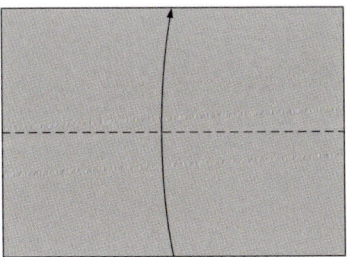

2 Falte das Papier wieder auf. Der Pfeil zeigt dir wieder, in welche Richtung du auffalten musst. Die weiße Pfeilspitze bedeutet in einer Zeichnung, dass du auffalten musst.

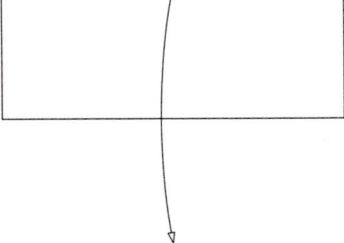

3 Drehe das Papier um. Der Pfeil mit dem Kreis bedeutet, dass das Papier umgedreht wird.

4 Talfalte die zwei linken Ecken auf die dünne Linie in der Mitte bzw. auf den Mittelfalz. Die dünne Linie zeigt eine schon durchgeführte Faltung an.

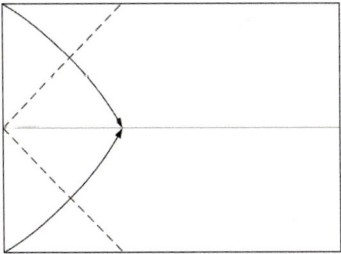

5 Talfalte die neuen linken Kanten auf die dünne Linie in der Mitte.

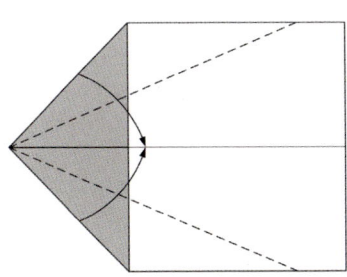

6 Talfalte den oberen und unteren Flügel ca. 1 cm breit nach innen. Die dünne gepunktete Linie zeigt eine von dem Papier verdeckte Kante. Diese Linien werden nur gezeichnet, wenn sie für ein besseres Verständnis benötigt werden.

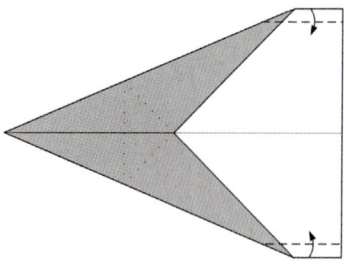

7 Wiederhole Faltschritt 5. Der Pfeil mit dem Kästchen bedeutet „wiederhole", und die Zahl in dem Kästchen sagt dir, welche Faltschritte wiederholt werden sollen. Es kann also auch mal vorkommen, dass in dem Kästchen z.B. „4–6" steht: Das würde dann bedeuten „wiederhole Faltschritte 4 bis 6".

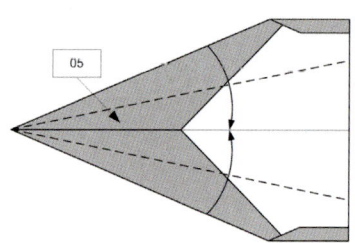

8 Drehe den Flieger um.

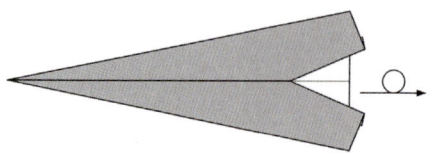

9 Falte entlang der gestrichelten Linie eine Talfalte. Es ist die Faltung aus Faltschritt 1.

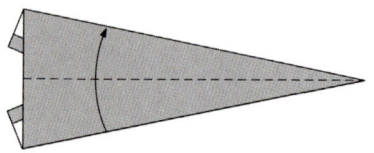

10–11 Stelle die Flügel wie abgebildet auf.

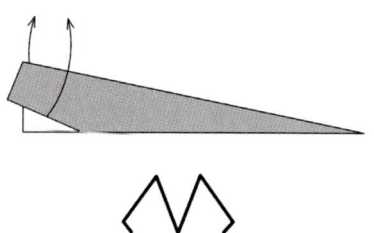

Frag doch einfach mal deinen Sportlehrer, ob er einen Papierflieger-Weitflugwettbewerb mit euch macht. Dadurch lernt ihr auch die Wurftechnik, die ihr beim Ballwurf benötigt.

Beim Weitflug muss der Pfeil sehr gerade fliegen. Wenn dein Flieger nach rechts oder links fliegt, kannst du ihn an den hinteren Ecken einstellen. Fliegt er nach links, dann biegst du die linke Ecke etwas nach oben. Fliegt er nach rechts, dann biegst du die rechte Ecke etwas nach oben. Mit etwas Übung schaffst du es, dass dein Pfeil weit und geradeaus fliegt.

Wirfst du deinen Pfeil mit sehr viel Schwung, dann fliegt er auch weiter, als wenn du ihn nur leicht wirfst. Du darfst deinen Pfeil nicht steil nach oben oder unten werfen. Der Abwurfwinkel muss zwischen waagerecht und steil nach oben sein.

12–13 Du kannst in die Mitte deines Fliegers ein nach deiner Fantasie zugeschnittenes Papier einkleben.

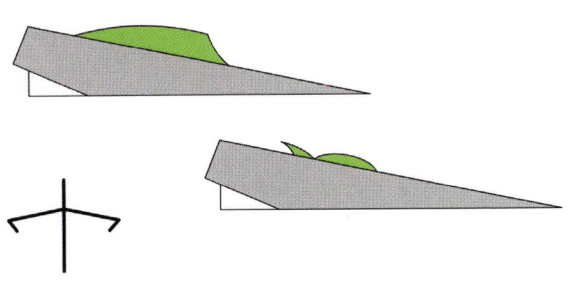

Jetzt ist der Pfeil bereit zum ersten Testflug. Nimm ihn in die Hand und wirf ihn so stark, wie du kannst, etwas nach oben von dir weg. Er wird dann geradeaus Richtung Boden fliegen. Ein Zimmer reicht für den Pfeil meist nicht aus. Er benötigt schon eine Turnhalle, oder du lässt ihn im Freien fliegen.

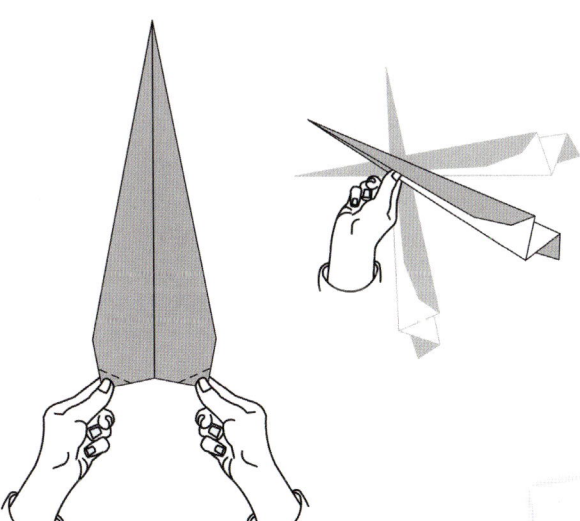

Wettbewerb

Da der Pfeil wirklich weit fliegen kann, macht einen Weitflugwettbewerb! Die Regeln sind wie folgt: Jeder von euch muss einen eigenen Pfeil gefaltet haben. Stellt euch an einer Linie auf und werft den Pfeil ohne Anlauf soweit wie möglich von euch weg. Jeder Spieler zählt dann seine normalen Schritte bis zu seinem Flieger hat, wer die meisten normalen Schritte bis zu seinem Flieger läuft.

Combatant

gefährlicher Hai der Lüfte

Motivgröße
ca. 30 cm x 15 cm x 1 cm

Vorlagen
Seite 76/77

Material
* etwas festeres A4 Papier in Rot
* leichtes Origamipapier in Schwarz-Silber (für die Haifischflossen und Sterne)

Besondere Hilfsmittel
* evtl. Stern-Motivstanzer

Der Combatant ist eine Faltvariante des Rasenden Pfeils. Mit seinen Haifischflossen und seinem langen, dünnen Rumpf zerschneidet er regelrecht die Luft. Male dein Abzeichen auf seine Tragflächen.

1 Lege das Papier so, wie abgebildet, vor dich auf einen Tisch. Talfalte die untere Kante genau auf die obere Kante und falte das Papier wieder auf. Drehe das Papier um. Das sind die ersten drei Schritte des Rasenden Pfeils in einem Faltschritt dargestellt.

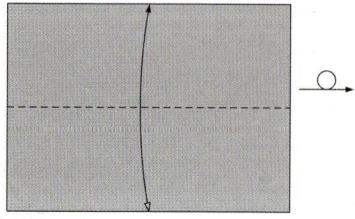

2 Talfalte die zwei linken Ecken auf die dünne Linie in der Mitte bzw. auf den Mittelfalz.

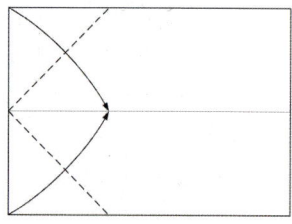

3 Talfalte die neuen linken Kanten auf die dünne Linie in der Mitte.

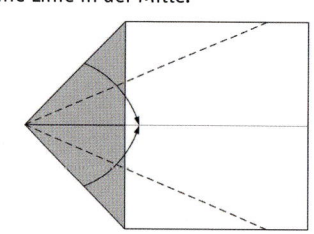

4 Talfalte den oberen und unteren Flügel ca. 1 cm breit nach innen. Drehe das Papier um.

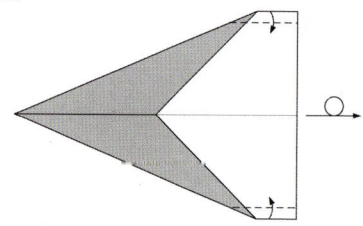

5 Talfalte die untere Kante wieder auf die obere Kante.

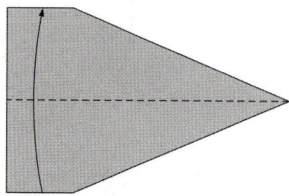

6 Talfalte den oberen Flügel ca. 1 cm breit oberhalb der unteren Kante nach unten.

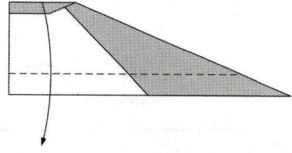

7 Drehe den Flieger um.

8 Talfalte den oberen Flügel ca. 1 cm breit oberhalb der unteren Kante nach unten.

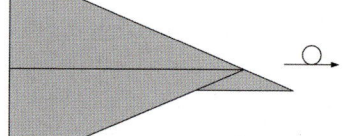

9 Stelle die Flügel wie abgebildet auf.

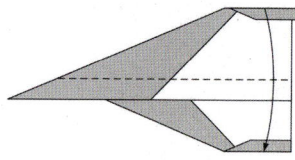

10 Du kannst auch hier in die Mitte deines Fliegers nach deiner Fantasie zugeschnittenes Papier einkleben.

Wenn du die Haifischflossen in die Mitte einkleben möchtest, dann fertige von diesen eine Schablone an, übertrage die Umrisse auf das farbige Papier und schneide sie aus. Klebe Sterne auf die Flügel Du kannst die Tragflächen aber auch bemalen.

Booster

außerirdischer Kampfflieger

Motivgröße
ca. 25 cm x 15 cm x 2 cm

Material
* etwas festeres A4 Papier in Grau
* leichtes Papier in Silber (für den Alienkopf)
* leichtes Papier in Gelb (für die Alienaugen)

Besondere Hilfsmittel
* evtl. Heftlocher oder Klebepunkte in Gelb

Vorlagen
Seite 77

Der Booster ist eine weitere Faltvariante des Rasenden Pfeils. Auf der Basis der drei Fighter Rasender Pfeil, Combatant und Booster kannst du jetzt eigene Flieger entwerfen. Du musst dazu nur die einzelnen Faltungen der drei Fighter kombinieren oder variieren.

1 Lege das Papier so, wie abgebildet, vor dich auf einen Tisch. Talfalte die untere Kante genau auf die obere Kante und falte das Papier wieder auf. Drehe das Papier um.

2 Talfalte die zwei linken Ecken auf die dünne Linie in der Mitte bzw. auf den Mittelfalz.

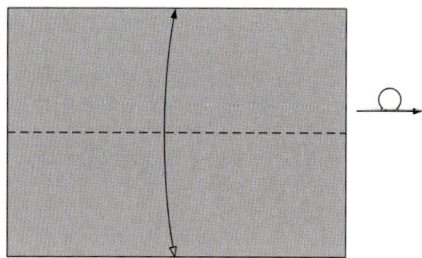

3 Talfalte die neuen linken Kanten auf die dünne Linie in der Mitte.

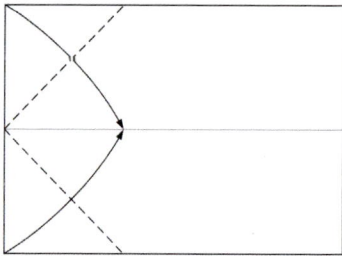

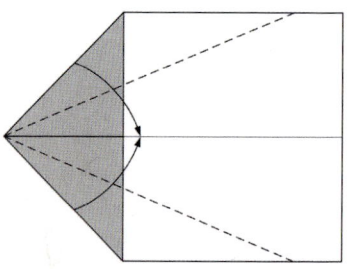

4 Talfalte den oberen und unteren Flügel ca. 1 cm breit nach innen.

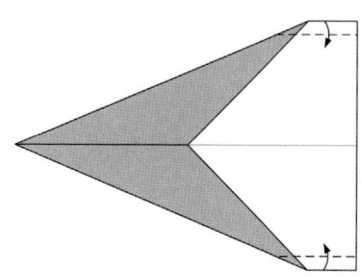

5 Talfalte die linke Spitze auf die Mitte der rechten Kante.

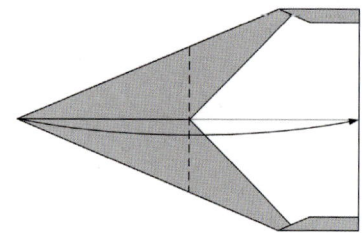

6 Falte die Spitze wieder zurück. Lasse dabei ca. 2 cm breit Platz zur letzten Faltung.

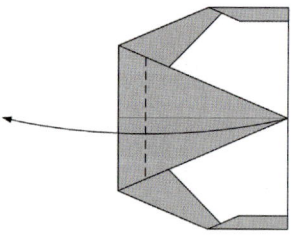

7 Talfalte die untere Kante wieder auf die obere Kante.

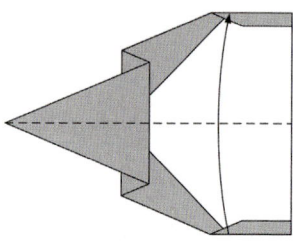

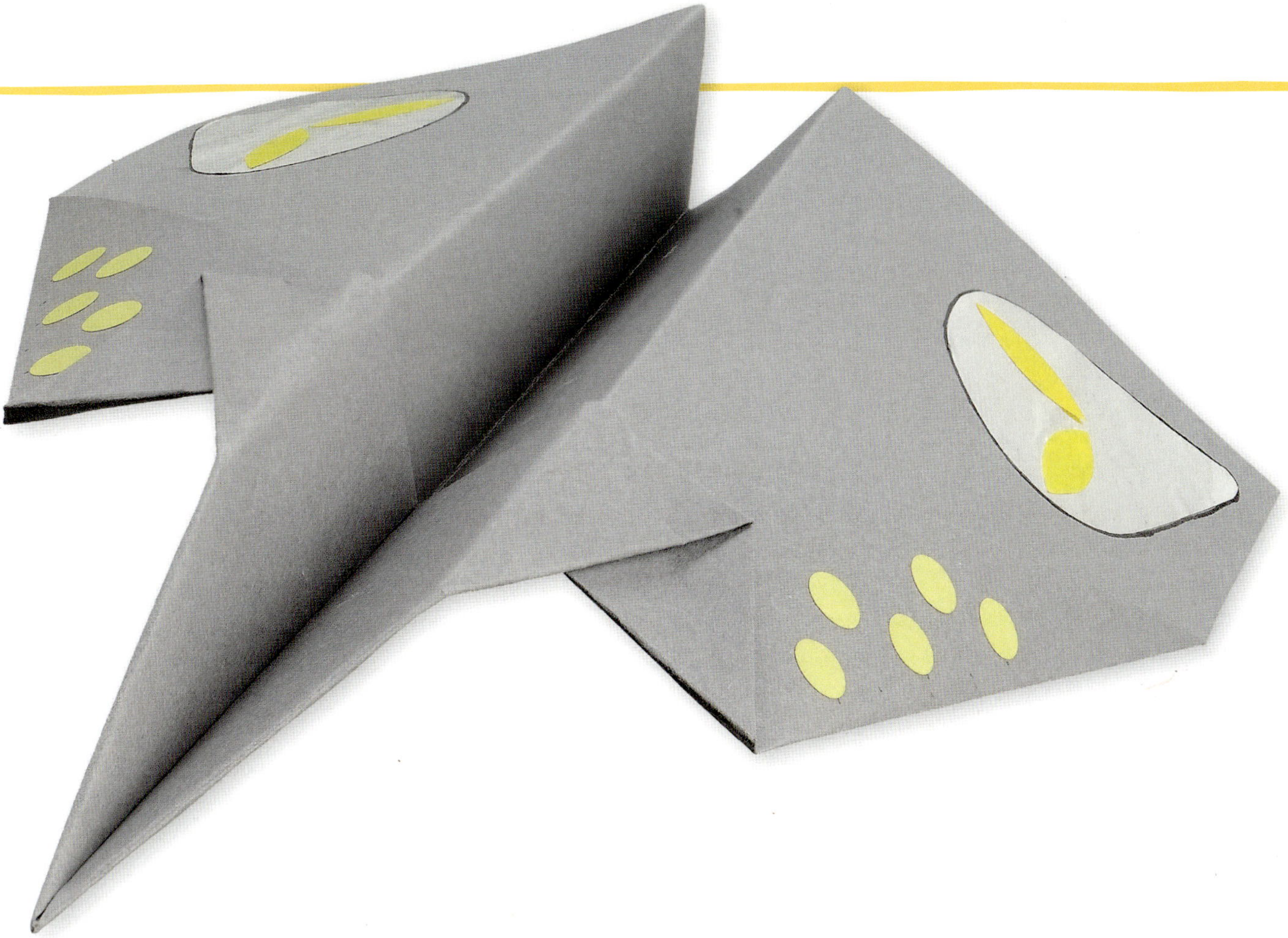

8 Talfalte den oberen Flügel ca. 2 cm oberhalb der unteren Kante nach unten.

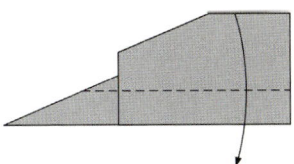

9 Drehe den Flieger um.

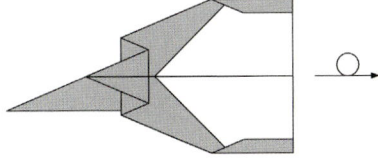

10 Talfalte den oberen Flügel ca. 2 cm oberhalb der unteren Kante nach unten.

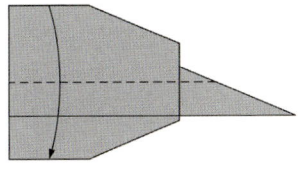

11–12 Stelle die Flügel wie abgebildet auf.

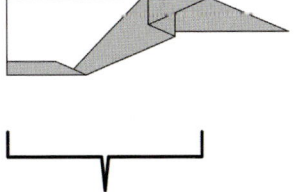

Fertige eine Schablone des Alienkopfs an, übertrage die Umrisse auf das silberfarbene Papier und schneide den Alienkopf aus. Für die Alienaugen musst du keine Schablone anfertigen: Zeichne zwei Kreise versetzt aufeinander und schneide den Schnittpunkt der Kreise aus. Wenn du gelbe Klebepunkte hast, kannst du diese noch auf deinen Flieger aufkleben. Du kannst dir aber auch mit einem Heftlocher gelbes Papier lochen und diese Punkte dann auf den Flieger aufkleben.

Armeeflieger
robust und durchschlagend

Motivgröße
ca. 19 cm x 15 cm x 2 cm

Material
* etwas festeres, farbiges A4 Papier
* evtl. leichtes, buntes Papier (für die Sterne, Kreise und Streifen)

Besondere Hilfsmittel
* evtl. Stern-Motivstanzer

Vorlage
Seite 77

Er bleibt lange in der Luft und die stumpfe Spitze überlebt so manchen harten Bodenaufschlag. Mit seiner Durchschlagskraft fliegt er sogar durch ein Zeitungspapier hindurch, ohne Schaden zu nehmen!

1 Lege das Papier so, wie abgebildet, vor dich auf einen Tisch und falte die untere genau auf die obere Kante.

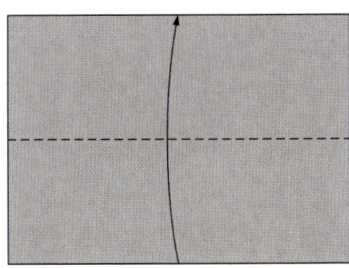

2 Falte die linke Kante der oberen Papierlage auf die untere Kante.

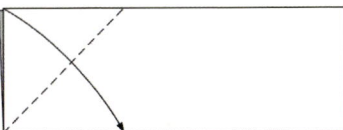

3 Drehe das Papier um.

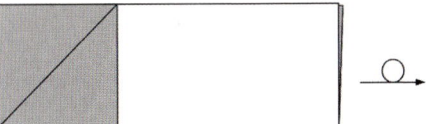

4 Falte die rechte Kante auf die untere Kante.

5 Falte die hintere Papierlage wieder nach vorne.

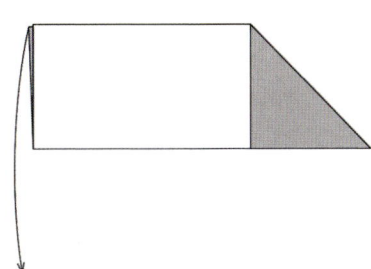

6 Falte die rechte Spitze nach links auf den Mittelfalz.

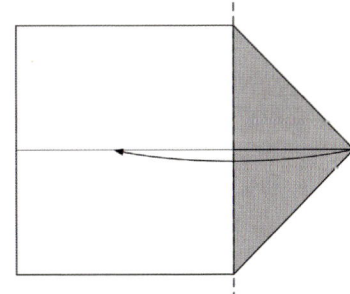

7 Falte die obere und die untere rechte Spitze auf den Mittelfalz. Lasse dabei rechts einen ca. 2 cm breiten Abstand zur Mittellinie.

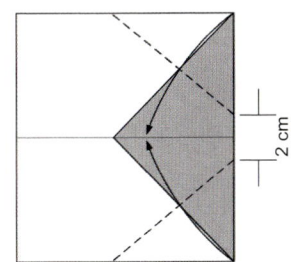

2 cm

13–14 Stelle die Flügel wie abgebildet auf.

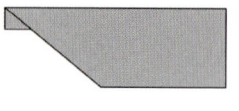

8 Falte das kleine Dreieck nach rechts auf die zwei Spitzen.

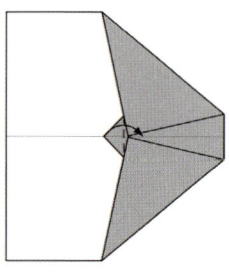

9 Talfalte den oberen und den unteren Flügel ca. 2 cm breit nach innen.

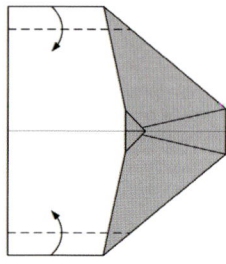

10 Drehe das Papier um.

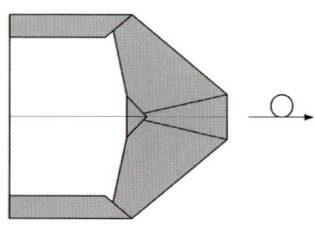

11 Falte die untere Kante genau auf die obere Kante.

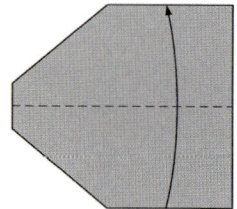

12 Falte die Flügel ca. 2 cm oberhalb der unteren Kante nach unten.

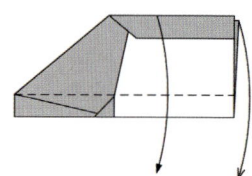

Bemale oder beklebe deinen Flieger mit deinen Insignien, also mit farbigen Papierstreifen, Kreisen oder Sternen. Wenn du sie mit einem schwarzen Filzstift umrandest, sehen sie noch plastischer aus. Falls du keinen Stern-Motivstanzer hast, fertige eine Schablone des Sterns an, übertrage seinen Umriss auf das farbige Papier und schneide den Stern aus.

Luftpirat

macht fette Beute

Motivgröße
ca. 16 cm x 16 cm x 1,5 cm

Material
Für den
braunen
Flieger

* festeres A4 Papier in Braun

* Papier in Rot-Weiß gestreift (für die Flaggen)

* Papier in Weiß (für die Knochen)

* evtl. Piratenaufkleber

Besondere
Hilfsmittel

* evtl. Büroklammern oder eine kleine Wäscheklammer

Vorlagen
Seite 76

Dieser Flieger ist schnell gefaltet und somit sehr gut zum Experimentieren geeignet. Mit nur drei Faltungen ist er flugtauglich.

1 Lege das braune Papier so, wie abgebildet, vor dich auf einen Tisch und falte die linke Kante entlang der gestrichelten Linie auf die rechte Seite. Lasse rechts etwa 12 cm breit Platz zum Rand.

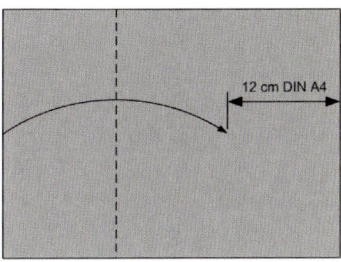

2 Talfalte die neue linke Kante auf die in der Mitte liegende Kante.

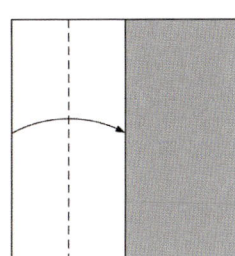

3 Talfalte die untere Kante genau auf die obere Kante.

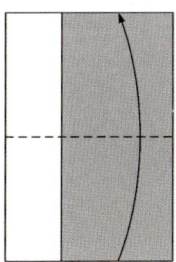

4–5 Wenn du den Flieger jetzt wie abgebildet auffaltest, kann er schon fliegen.

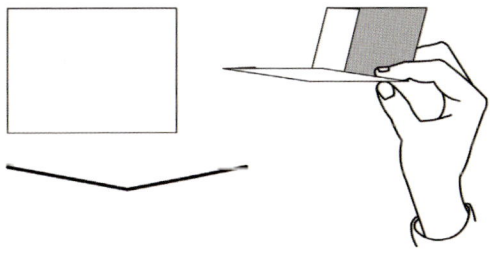

6 Falte die Flügel ca. 1,5 cm oberhalb des unteren Randes nach unten.

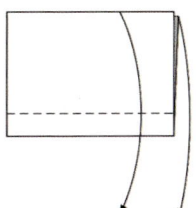

7–8 Durch den Rumpf lässt sich der Flieger zum Abwurf besser festhalten. Halte deinen Flieger wie abgebildet und wirf ihn wieder leicht von dir weg.

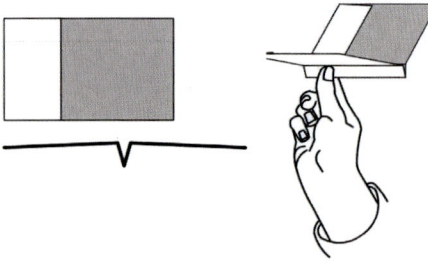

9 Falte die obere Papierlage nach oben auf.

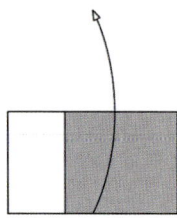

10 Falte die obere und die untere Kante etwa 1,5 cm breit nach innen um.

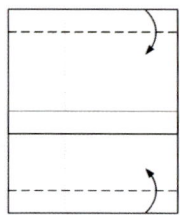

11–12 Falte die obere Papierlage wieder nach unten.

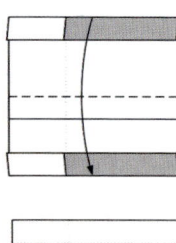

13–14 Breite die Flügel wie abgebildet aus und lasse ihn nochmals fliegen. Halte deinen Flieger wie abgebildet und wirf ihn wieder leicht von dir weg. Dein Flieger fliegt durch die Stabilisatoren unbeirrbar.

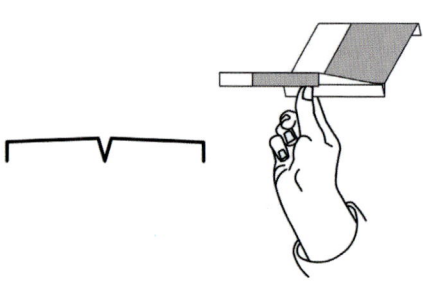

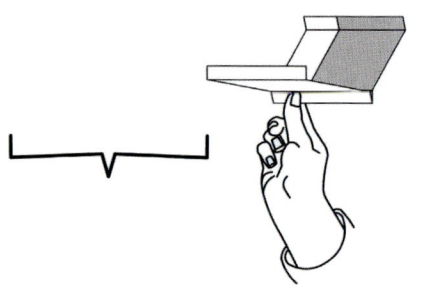

15 So ist der Luftpirat klar zum Entern: Für Loopings beide hinteren Flügelkanten nach oben oder nach unten falten. Für Kurven eine Flügelkante nach oben und die andere Flügelkante nach unten falten.

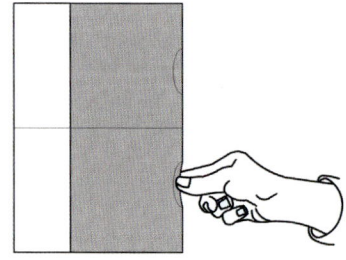

16 Du kannst mit dem Abstand im Faltschritt 1 experimentieren, um die Flügelgröße zu verändern.

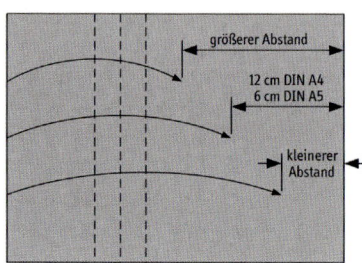

17–18 Du kannst den Faltschritt 2 wiederholen, dadurch wird dein Flieger vorne schwerer. Probiere einige Einstellungen aus und experimentiere mit deinem Flieger

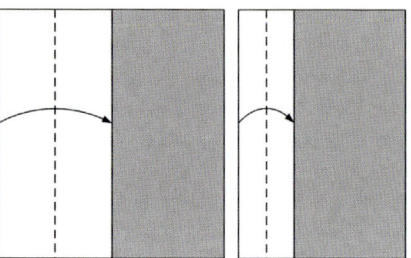

Fertige für den Piratenflieger eine Schablone für die Flaggen an, übertrage die Umrisse auf das rot-weiß gestreifte Papier und schneide die Flaggen aus. Eventuell die Flaggen mit Piratenaufklebern verzieren. Du kannst die Piratenfahnen auch noch mit einem schwarzen Filzstift umranden, damit sie plastischer aussehen. Die Knochen nach der Vorlage aus weißem Papier ausschneiden und vorne auf die Flügel kleben. Es kann sein, dass dein Piratenflieger je nach den verwendeten Aufklebern oder dem Flaggenpapier im hinteren Bereich zu schwer ist. Dann musst du vorne eine kleine Wäscheklammer oder Büroklammern zum Beschweren deines Fliegers befestigen.

Naturflieger

Ob Taube, Schmetterling, Fliege, Motte, Biene, Marienkäfer oder Blatt, alle diese Flieger sind der Natur nachempfunden. Du findest sie heute noch dort – bis auf den schnellsten unter den Naturfliegern, den Pterosaurus. Den Flugsaurier gibt es leider nicht mehr. Aber aus Papier gefaltet ist er noch immer ein gefährlicher Jäger!

Pterosaurus

Flugkünstler aus der Urzeit

Motivgröße
ca. 21 cm x 30 cm x 1,5 cm

Material
* A4 Papier in Grün oder zwei gleiche Origamipapiere in Reptilienhautoptik
* 2 Wackelaugen, ø 3 mm

Vorlagen
Seite 76

Die Flugsaurier (Pterosaurus) lebten vor 228 Millionen Jahren. Sie hatten Flughäute, die den Tragflächen heutiger Flugzeuge ähnelten. Falte diesen Flugsaurier und erlebe, wie wunderbar leicht und wendig er fliegt.

1 Falte die linke Kante auf die obere Kante und falte das Papier wieder auf.

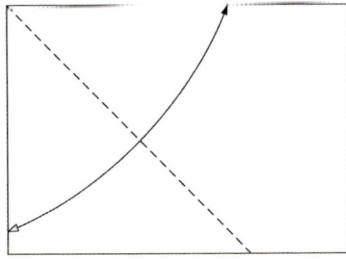

2 Falte die linke Kante auf die untere Kante.

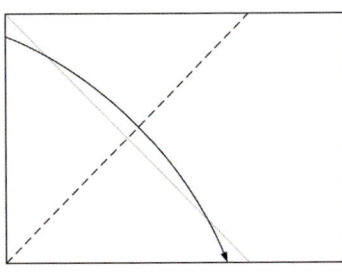

3 Wenn du A4 Papier verwendest, schneide den überstehenden Streifen vorsichtig entlang der Kante ab und falte das Papier dann wieder auf. Wenn du Origamipapier verwendest, dann wird an dieser Stelle nichts abgeschnitten. Den abgeschnittenen Streifen für den Schnabel und die Krallen zur Seite legen.

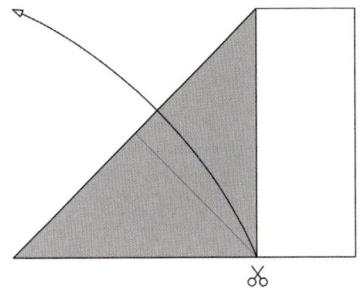

4 Falte nun die untere Kante auf die Mitte, und falte das Papier wieder auf.

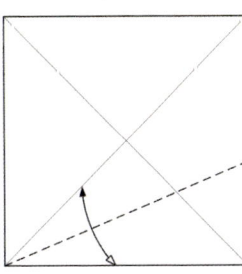

5 Falte nun die rechte Kante auf die Mitte, und falte das Papier wieder auf.

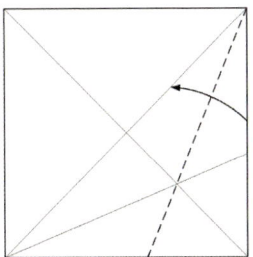

6 Falte nun die untere Kante und die rechte Kante gleichzeitig auf die Mitte, und drücke die Spitze dabei zusammen.

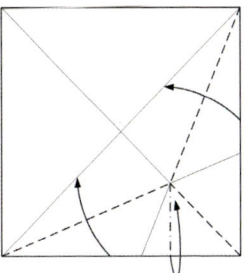

7 In den kleinen Kästen ist der Faltschritt des Dreiecks nochmals mit schwarzen und mit farbigen Linien dargestellt. Die Faltung in dem Kasten nennt sich Hasenohr (siehe Grundanleitung, Seite 7).

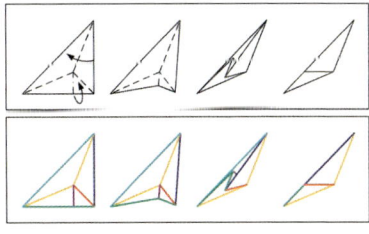

8 Falte die Spitze auf die andere Seite und wieder zurück.

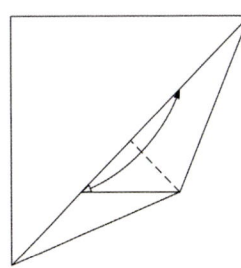

9 Stelle das kleine Dreieck auf und drücke es auseinander, sodass die zwei schwarzen Punkte zusammentreffen.

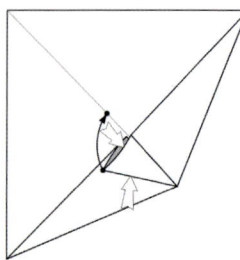

10 Klappe die untere Hälfte auf die obere Hälfte.

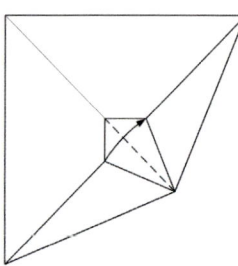

11 Talfalte die vordere kleine Kante auf die Mitte und falte das Papier wieder auf.

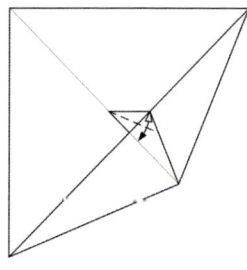

12 Klappe beide Hälften auf die andere Seite.

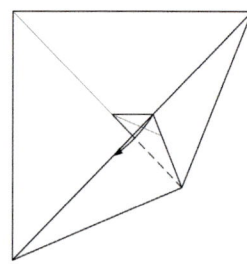

13 Talfalte die vordere kleine Kante auf die Mitte und falte das Papier wieder auf.

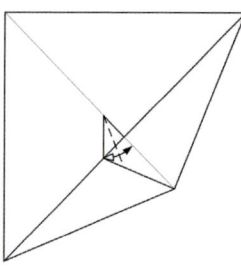

14–15 Klappe die Hälften wieder auseinander.

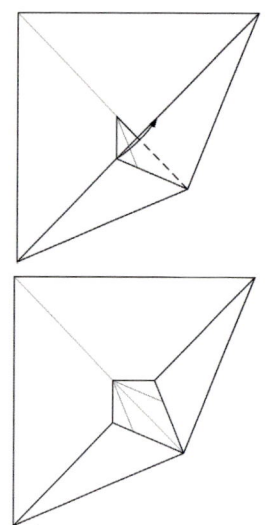

16 Talfalte die vordere Spitze und die hintere Spitze in Pfeilrichtung zusammen, sodass die zwei schwarzen Punkte zusammentreffen. Klappe dabei die Seiten nach innen.

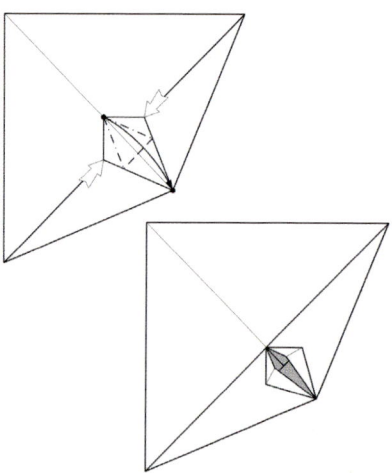

17 Bergfalte die untere Papierlage soweit wie möglich nach hinten.

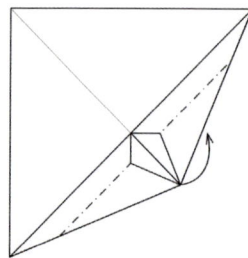

18 Drehe den Pterosaurus um.

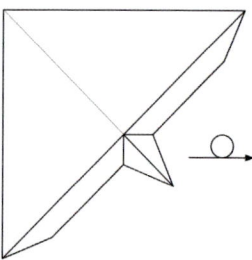

19 Schneide ein Dreieck (siehe Vorlage) aus und schiebe es wie abgebildet unter den Kopf. Verwende dazu das zweite Origamipapier oder den abgeschnittenen Streifen aus Faltschritt 3.

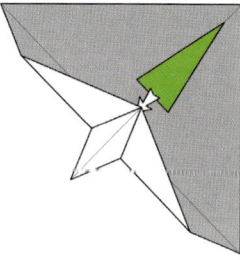

20 Falte das ausgeschnittene Dreieck wie abgebildet nach vorne.

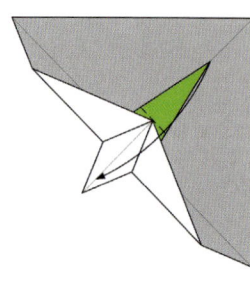

21 Schneide zwei Krallen aus und klebe sie wie abgebildet auf den Pterosaurus. Verwende dazu wieder das zweite Origamipapier oder den abgeschnittenen Streifen.

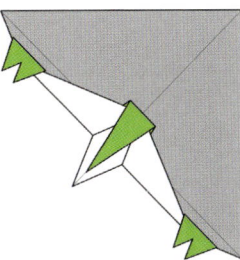

22 Bergfalte den unteren Flügel nach hinten unter den oberen Flügel.

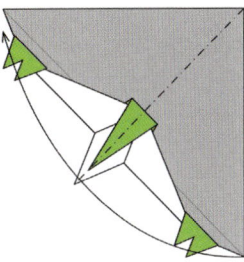

23 Talfalte den oberen Flügel entlang der gestrichelten Linie.

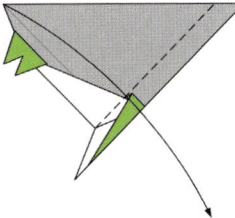

24 Bergfalte den unteren Flügel. Richte dich nach der Kante des anderen Flügels.

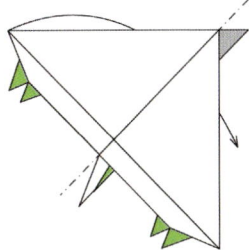

25 Ziehe den Schnabel vorne leicht nach unten und öffne ihn somit.

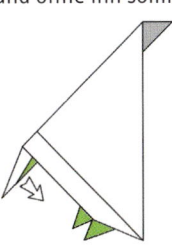

26–27 Bringe die Flügel in Flugstellung und teste die Flugeigenschaften. Damit der Flugsaurier sieht, wohin er fliegt, kannst du ihm jetzt noch Wackelaugen ankleben.

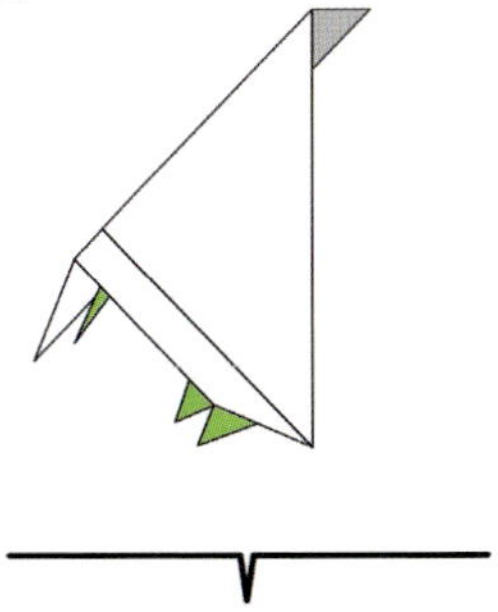

„Mach die Fliege!"

kleine Krabbeltiere zum Selbermachen

Motivgröße

ca. 16 cm x 12 cm x 9 cm

Material

* Origamipapier in Schwarz/Weiß oder Grün/Weiß, etwas abschneiden (siehe Seite 5)

Eine Fliege kann einem echt auf die Nerven gehen. Ist sie einmal da, schwirrt sie immer wieder um uns herum, landet auf uns und krabbelt und kitzelt. Zudem ist die kleine Fliege schnell, wendig und schwer zu fangen. Genau wie die Fliege, die du dir hier falten kannst. Probiere es aus! Falte sie erst groß und versuche dann, sie immer kleiner und kleiner zu falten.

1 Lege das Papier mit der Farbseite nach unten auf einen Tisch. Falte die linke Kante auf die rechte Kante und falte das Papier wieder auf.

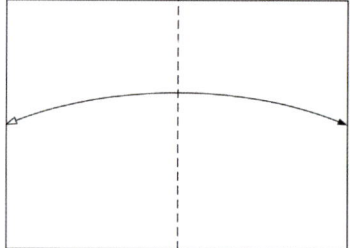

2 Falte nun die zwei oberen Ecken auf die Mitte zu einer Spitze.

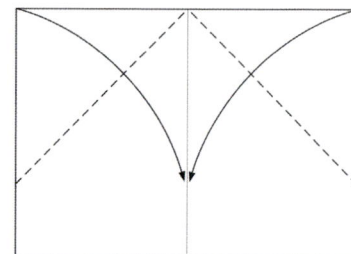

3 Falte die entstandene obere Spitze auf die zwei in die Mitte gefalteten Ecken mittels einer Talfalte.

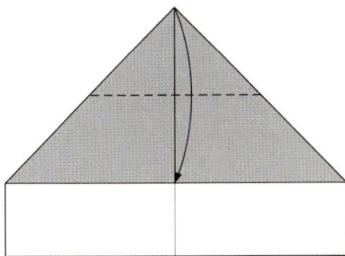

4 Falte die linke Kante wieder auf die rechte Kante.

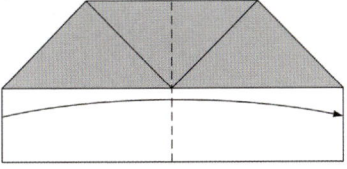

5 Talfalte die rechte Ecke des oberen Flügels nach vorne.

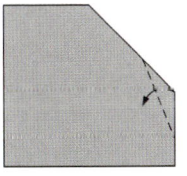

6 Bergfalte die rechte Ecke des unteren Flügels nach hinten.

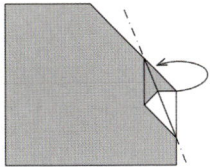

7 Talfalte die schräge Kante des oberen Flügels nach vorne auf die linke Kante.

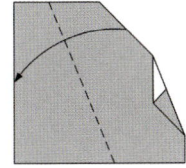

8 Bergfalte die schräge Kante des unteren Flügels nach hinten auf die linke Kante.

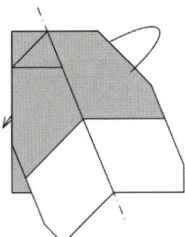

9–10 Breite die Flügel wie abgebildet auseinander.

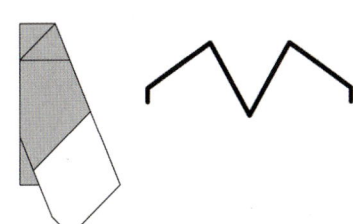

Jetzt ist die Fliege bereit zum Flug. Wenn du schon mehrere kleine Fliegen gefaltet hast, legst du den ganzen Schwarm auf deine Handfläche und wirfst ihn hoch in die Luft.

Mit andersfarbigem Papier wird aus der Fliege schnell eine Motte (Origamipapier mit Fleckenmuster), ein Marienkäfer (schwarz-rotes Papier) oder eine Biene (schwarz-gelb gestreiftes Papier).

Blätterwirbel

leicht und wendig

Motivgröße

von ca. 19,5 cm x 9 cm
bis ca. 10 cm x 3,8 cm

Material

* Origamipapier in Grün oder Orange
* evtl. kleine Bienen- oder Marienkäfer-
  aufkleber

Hast du schon mal genau beobachtet, wie im Herbst die Blätter von den Bäumen segeln und dabei manchmal noch eine Weile vom Wind durch die Lüfte getrieben werden? Blätter können wahre Flugkünstler sein! Schau dir die Flugrichtung deines gefalteten Blattes an. Probiere es ruhig auch mal im Freien aus, wenn der Wind weht. Du kannst die Blätter wie die Fliege (siehe Seite 30) mit immer kleinerem Papier falten, wenn du möchtest.

1 Lege das Papier so, wie abgebildet, vor dich auf einen Tisch und falte die linke Kante auf die untere Kante.

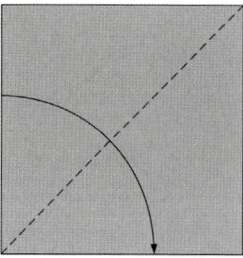

2 Talfalte eine Schräge in die untere Kante der oberen Papierlage. Der Abstand kann variabel sein.

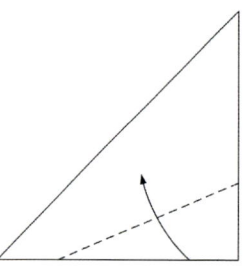

3 Falte die neue Spitze entlang der gestrichelten Linie. Auch hier ist der Abstand dir überlassen.

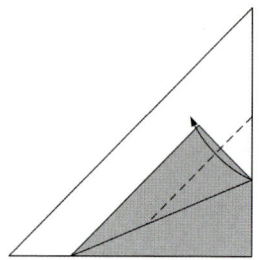

4 Falte die restliche rechte Kante auf die linke Kante.

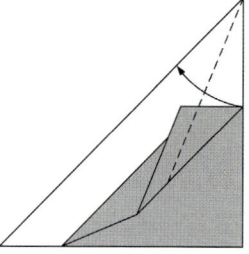

5 Wiederhole Faltschritte 2 bis 4 mit der Rückseite.

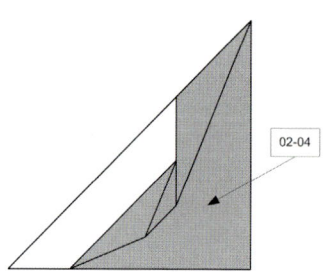

6 Talfalte die Spitze nach unten auf die Kante und falte sie wieder hoch.

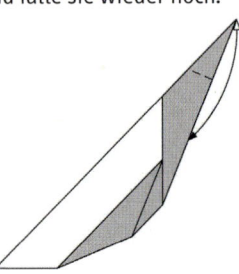

7 Drücke an der entstandenen Falte mit dem Finger rechts zwischen die Papierlagen und falte dabei die Spitze nach unten, sodass sich das Papier nach vorne auffaltet und die schwarzen Punkte aufeinander treffen.

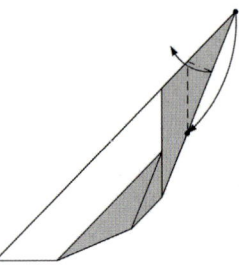

8 Talfalte das Dreieck nach oben.

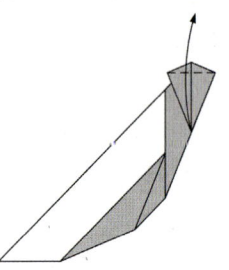

9 Bergfalte die rechte Seite nach hinten.

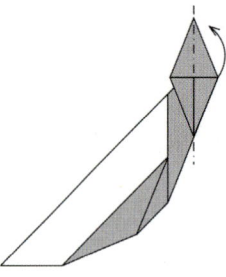

10–11 Falte das Blatt auseinander.

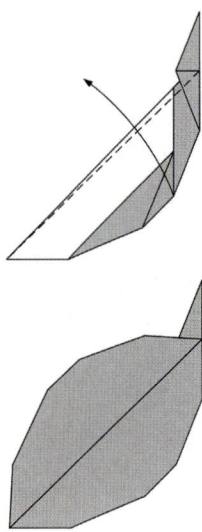

Klebe an die Zweigspitze evtl. noch einen kleinen Käfer als Piloten. Lasse das Blatt fliegen, indem du den Blattstiel zwischen Daumen und Zeigefinger hältst und das Blatt sanft wirfst.

Brieftaube

schneller als jeder Paketdienst

Motivgröße
ca. 19 cm x 17 cm x 2 cm

Material
Für die blaue Taube

* etwas festeres A4 Papier in Blau
* Papier in Gelb (für die Nase)
* Origamipapier in Blau-Weiß
* 2 Wackelaugen, ø 5 mm
* evtl. Taubenaufkleber
* evtl. Federn
* evtl. Tier-Origamipapier oder Federpapier

Besondere Hilfsmittel
* Filzstift in Schwarz (für die Nasenlöcher)
* Klebestift

Vorlagen
Seite 77

Die Taube ist ein Gleiter und sie kann einiges an Post transportieren. Es gibt sie in der Natur in Weiß, Grau oder Taubenblau. Mit einem kleinen Brief als Gepäck kannst du sie als Brieftaube aussenden, um schnelle, geheime Botschaften zu verschicken.

1 Lege das Papier so, wie abgebildet, vor dich auf einen Tisch und falte die untere Kante genau auf die obere Kante. Falte das Papier wieder auf.

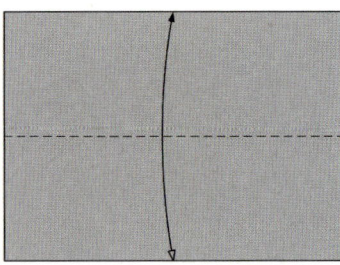

2 Falte die linke Kante auf die obere Kante.

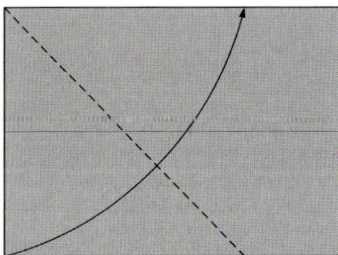

3 Bergfalte die Spitze entlang der vorhandenen Faltung nach hinten und falte das Papier wieder auf.

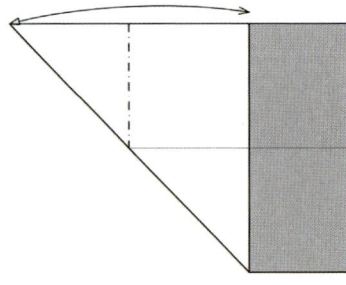

4 Falte den Faltschritt 2 wieder auf.

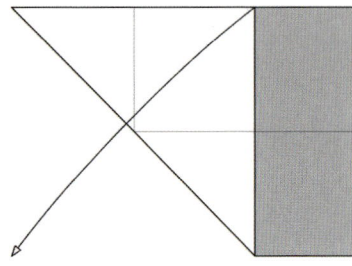

5 Falte die linke Kante auf die untere Kante.

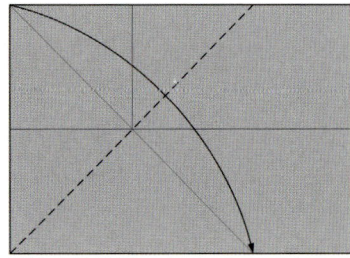

6 Bergfalte die Spitze entlang der vorhandenen Faltung nach hinten und falte das Papier wieder auf.

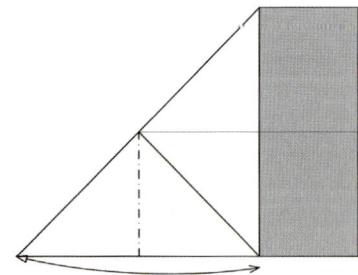

7 Falte den Faltschritt 5 wieder auf.

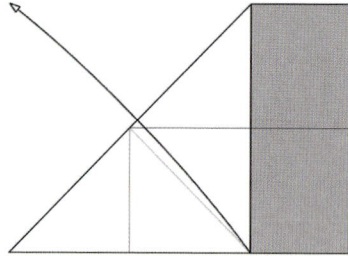

8 Falte die Strichpunktlinie mittels Bergfaltung auf die dünne Linie in der Mitte. Falte die linke Kante dabei nach rechts.

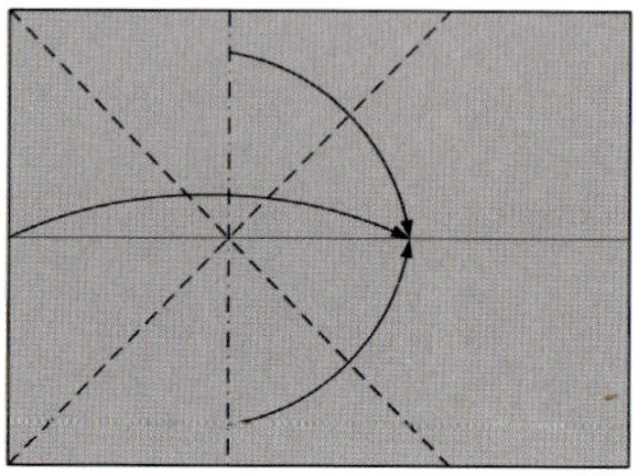

9 Faltschritt 8 mit eingefärbten Linien, damit du besser sehen kannst, wie der Faltschritt gefaltet wird.

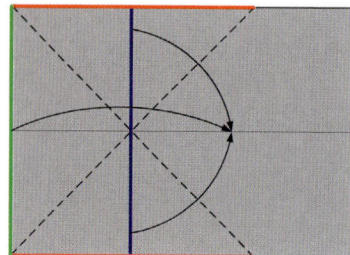

10 Die blauen Linien (Bergfalten) gehen Richtung Mitte.

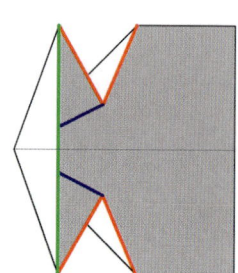

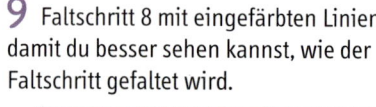

11 Es entsteht ein doppeltes Dreieck, das du fest zusammendrücken musst.

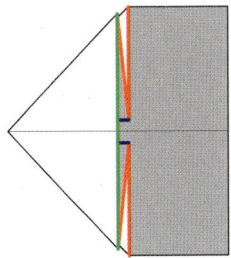

12 So sieht die Taube jetzt aus:

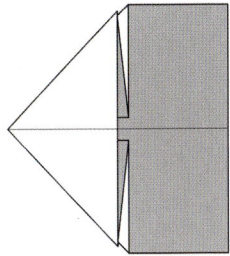

13 Falte die beiden aufliegenden Spitzen nach links auf die große Spitze.

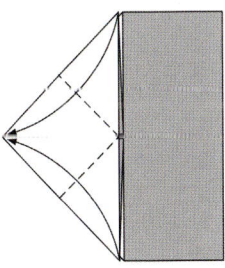

14 Falte die Ecken wie abgebildet um.

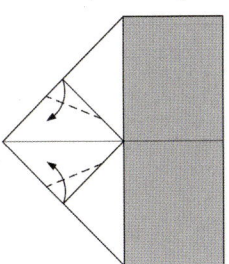

Wenn du buntes Papier mit Federmuster für die zusätzlichen Flügel verwendest, wird aus der Taube schnell ein Papagei. Oder du faltest eine romantische Taube aus rosafarbenem Papier und verzierst sie mit Herzen und Taubenaufklebern.

15 Talfalte die untere Kante auf die obere Kante.

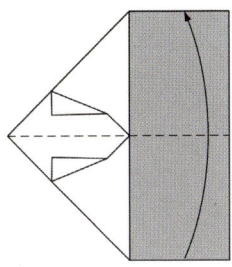

16 Talfalte die Flügel nach unten. Der Abstand zur unteren Kante sollte 2 bis 3 cm groß sein.

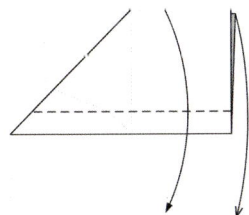

17 Talfalte den vorderen und den hinteren Stabilisator nach oben. Der Abstand zum Rand sollte 1 bis 2 cm groß sein.

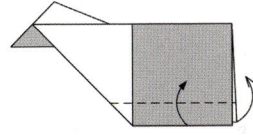

18–19 Falte die Flügel wieder auf, sodass die Flügel leicht nach unten gebogen sind.

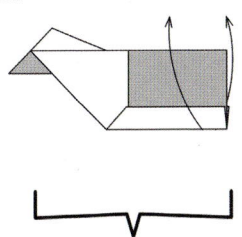

Die Taube ist sehr stabil. Du kannst also so manches auf den Flügeln befestigen. Den Schnabel nach der Vorlage aus gelbem Papier ausschneiden und auf die Spitze kleben. Mit einem schwarzen Filzstift kannst du noch die Nasenlöcher aufzeichnen. Vergiss nicht, die Wackelaugen auf den Kopf zu kleben. Fertige für die Extraflügel eine Schablone von den Flügeln an, übertrage die Umrisse auf das blauweiße Papier und schneide die Flügel aus. Klebe sie links und rechts auf die vorhandenen Flügel. Fertig ist der schmucke Briefbote.

Cho, der Schmetterling

leichtflügelig wie eine Fee

Motivgröße
ca. 30 cm x 20 cm x 1 cm

Material
* farbiges A4 Papier oder Geschenkpapier

Besondere Hilfsmittel
* Schere

Vorlagen
Seite 78

Cho (japanisch, Schmetterling) ist ein echter Herumtreiber. Er flattert fröhlich und leichtflügelig in der Gegend herum. Zuweilen dreht er sogar einige Loopings, wenn man seine Fühler asymmetrisch (= unterschiedlich) einstellt. Die Schmetterlingsflügel kannst du schneiden, wie du möchtest. Aber Achtung, schneide nicht zu viel vom Flügel ab.

1 Schneide einen 2 bis 3 cm breiten Streifen des A4 Papiers ab.

2 Falte die Taube (siehe Seite 36) bis einschließlich Faltschritt 13.

3 Falte die zwei Spitzen wieder zurück.

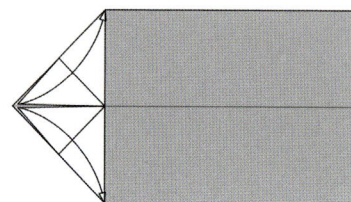

4 Falte in das obere und untere Dreieck ein Hasenohr (siehe Grundanleitung, Seite 7).

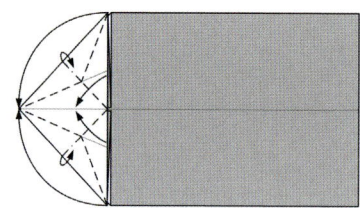

5 Falte die hintere Spitze nach hinten.

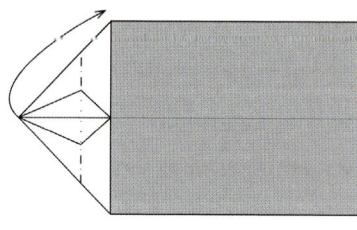

6 Falte die untere Kante genau auf die obere Kante.

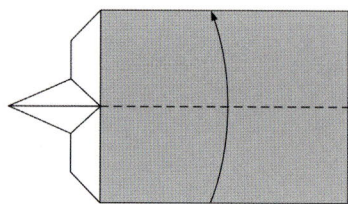

7 Jetzt brauchst du deine Schere: Schneide mit ihr eine Schmetterlingsform in das Papier.

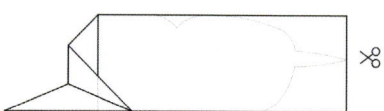

8 Falte die Flügel auf.

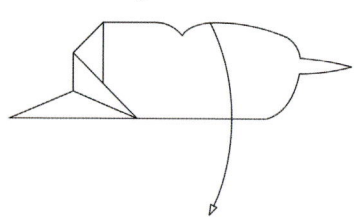

9–10 Wenn du willst, kannst du die Fühler noch seitlich zusammendrücken.

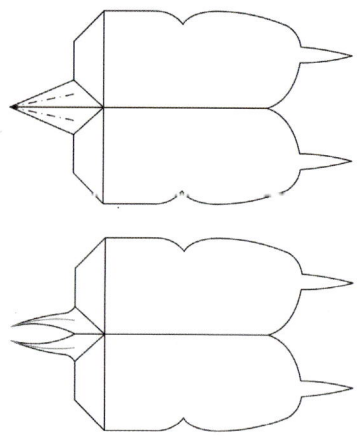

11 So ist die Flügelhaltung des Schmetterlings.

Je nachdem, wie du deinen Schmetterling geschnitten hast, fliegt er unterschiedlich.

Besonders niedlich ist der Schmetterling, wenn er aus Transparentpapier gefaltet ist. Dann kann er recht klein gefaltet werden und hat somit auch auf einer echten Blume Platz.

Fliegende Helden

Die Helden der Lüfte fliegen zur jeder Zeit, um die Welt zu retten und sich dem Bösen entgegenzustellen. Sie sind echte Heroes! Lass sie gegeneinander antreten!

Sky-Diver

cooler Fallschirmspringer

Motivgröße

ca. 10 cm x 10 cm x
30 cm

Material

* großes, buntes Origamipapier
* Bastelkarton (für den Fallschirmspringer)
* 3 Wollfäden (jeweils so lang wie eine Papierkante)

Besondere Hilfsmittel

* Heftlocher
* Wäscheklammer
* Klebefilm

Vorlagen

Seite 77

Es gab viele Erfinder in der Geschichte, die versucht haben, einen Fallschirm zu entwickeln. Auch Leonardo da Vinci gehörte dazu, denn er interessierte sich sehr für das Fliegen. Trotzdem hat es nach Leonardo da Vinci noch einige Jahrhunderte gedauert, bis die heutigen Fallschirme entstanden sind. Es gibt z.B. den Flächenfallschirm oder den Rundkappenfallschirm. Da der Fallschirm einen hohen Luftwiderstand hat, bringt er alles sicher zu Boden.

1 Lege das Papier so, wie abgebildet, vor dich auf einen Tisch und falte die linke Kante auf die untere Kante. Öffne das Papier wieder und drehe danach das Papier um.

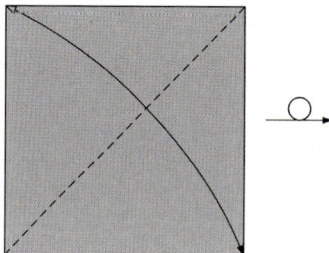

2 Talfalte die untere Kante auf die obere Kante und falte das Papier wieder auf.

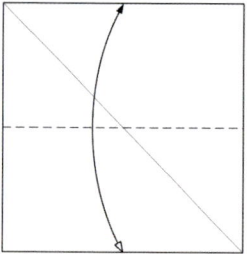

3 Talfalte die linke Kante auf die rechte Kante und falte das Papier wieder auf.

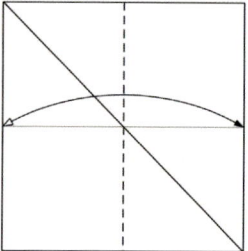

4 Falte nun die obere Ecke auf die untere.

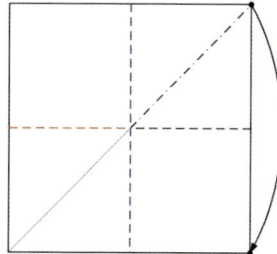

5 Talfalte das innere Dreieck zur gegenüberliegenden Ecke.

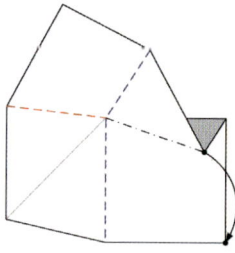

6 Lege die Spitze auf die Seite nach oben. Klebe die Spitze evtl. fest. In den Faltschritten 4 bis 6 entsteht ein halber Würfel.

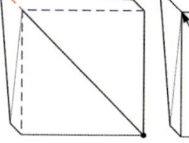 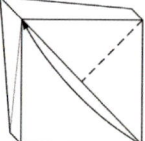 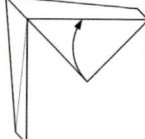

7 Klebe auf die drei Ecken Klebefilm, damit sie nicht ausreißens.

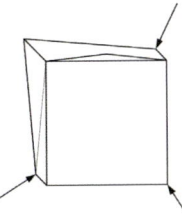

8 Loche nun alle drei Ecken.

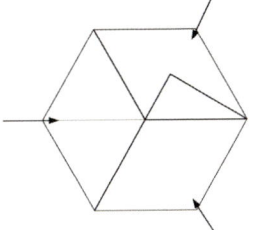

9 Lege die drei Wollfäden doppelt und fädle sie jeweils durch ein Loch.

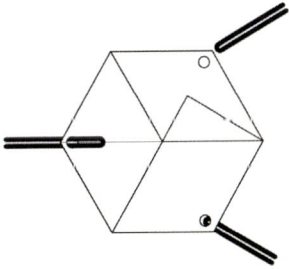

10 Fädle nun die Enden der Wollfäden durch die Schlaufe und ziehe diese vorsichtig fest.

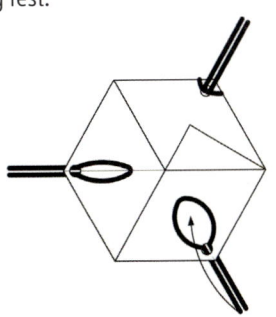

Nun musst du nur noch die sechs Enden der Wollfäden zusammenbinden, dann kannst du an dem entstandenen Knoten eine Wäscheklammer befestigen. Fertige von dem Fallschirmspringer eine Schablone an und übertrage die Umrisse auf Bastelkarton. Schneide den Fallschirmspringer zweimal aus: einmal für die Vorderseite und einmal für die Rückseite der Wäscheklammer. Die Fallschirmspringer klebst du dann auf die Wäscheklammer.

Gruppenprojekt: Wenn ihr eine sehr breite Rolle Geschenkpapier oder Packpapier verwendet, könnt ihr den Fallschirm auch zu zweit sehr groß falten. Faltet den Fallschirm dann auf dem Fußboden.

Unschlagbarer Superheld

einfach atemberaubend stark

Motivgröße
ca. 35 cm x 20 cm x 5 cm

Material
* 2 A4 Papiere in Blau
* evtl. 2 Wackelaugen, ø 5 mm
* evtl. Serviette in Rot

Vorlagen
Seite 78

Kraftvoll und zielsicher schießt der atemberaubende Hero durch die Lüfte – immer bereit, sich in neue Abenteuer zu stürzen. Falte deinen eigenen Superheld und gestalte ihn mit den supermanntypischen Farben und einem Logo.

1 Falte die Brieftaube (siehe Seite 36) bis Faltschritt 12.

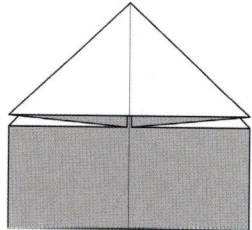

2–3 Falte das rechte Dreieck hoch, drücke es auseinander und auf den Mittelfalz, sodass die zwei schwarzen Punkte zusammentreffen.

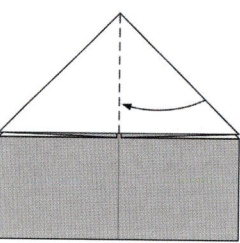

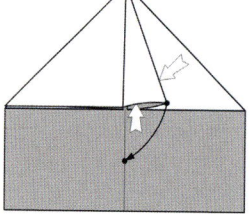

4 Klappe die oberste, linke Papierlage wie abgebildet nach rechts.

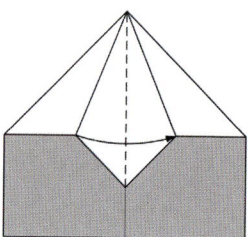

5–6 Falte das linke Dreieck hoch, drücke es auseinander und auf den Mittelfalz, sodass die zwei schwarzen Punkte zusammentreffen.

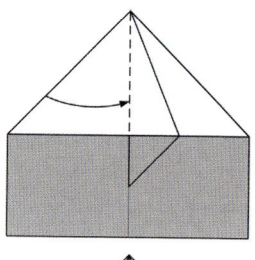

7 Klappe wieder die oberste, linke Papierlage wie abgebildet nach rechts.

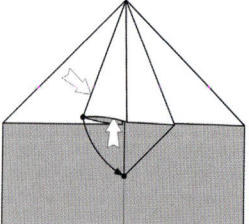

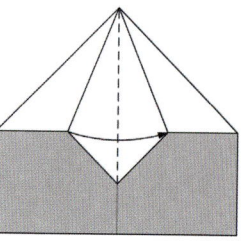

8 Talfalte die untere Schräge auf den Mittelfalz und falte das Papier wieder auf.

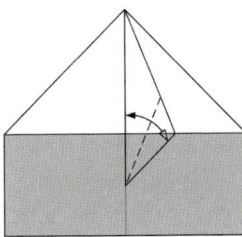

9 Klappe die zwei obersten, rechten Papierlagen wie abgebildet nach links.

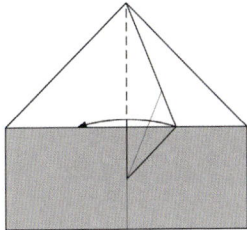

10 Talfalte die beiden unteren Schrägen auf den Mittelfalz und falte das Papier wieder auf.

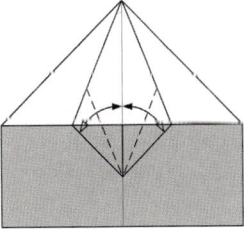

11 Klappe die übrigen zwei rechten Papierlagen wie abgebildet nach links.

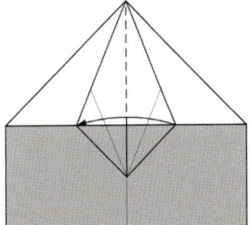

12 Talfalte die untere Schräge auf den Mittelfalz und falte das Papier wieder auf.

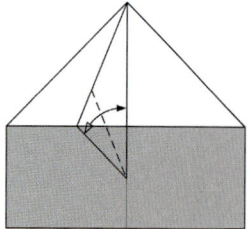

13 Klappe die oberste, linke Papierlage wie abgebildet nach rechts.

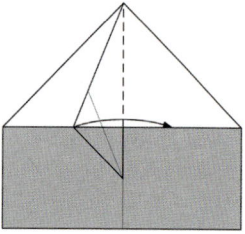

14–15 Talfalte die untere Spitze auf die obere Spitze und drücke dabei die Seiten vorsichtig zusammen, sodass die zwei schwarzen Punkte zusammentreffen.

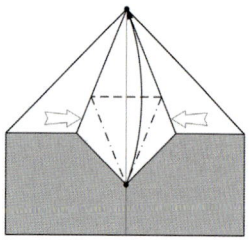

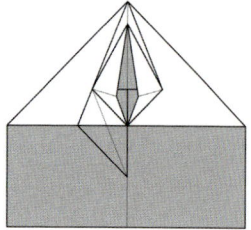

16 Klappe die zwei obersten, linken Papierlagen wie abgebildet nach rechts.

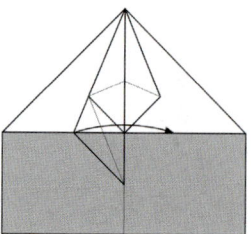

17 Wiederhole Faltschritt 14 bis 15.

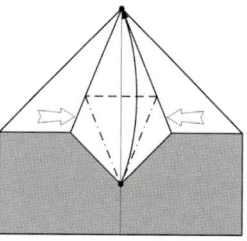

18 Klappe die oberste, rechte Papierlage wie abgebildet nach links. Das ist der Heldenkopf.

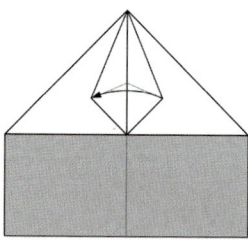

19 Für das Heldencape kannst du eine Lage einer roten Serviette als mitfalten. Lege diese wie abgebildet unter deinen Champ.

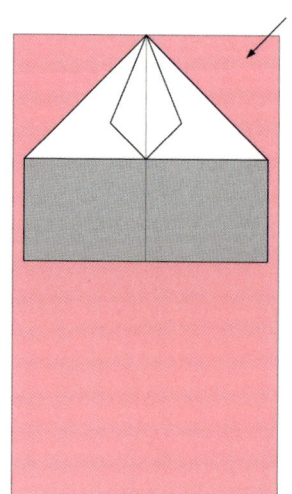

Serviette mitfalten für Helden-Umhang

20 Bergfalte die Spitze nach hinten.

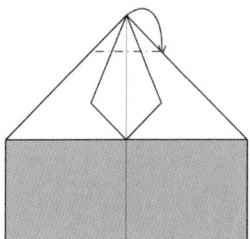

21 Talfalte beide Schrägen entlang der gestrichelten Linie unter den Kopf.

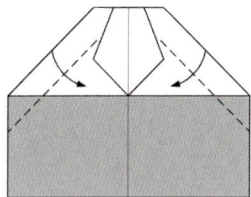

22 Talfalte die linke Kante und die rechte Kante auf den Mittelfalz und falte das Papier wieder auf.

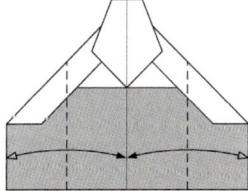

23 Bergfalte die rechte Kante auf die linke Kante und falte das Papier wieder auf.

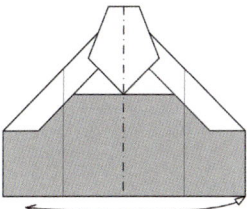

24 Bergfalte die zwei Papierlagen unter dem Kopf etwas nach innen. Wenn du willst, kannst du die Kinnspitze des Helden auch noch nach hinten falten.

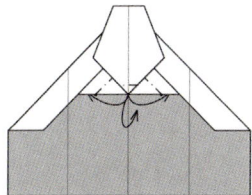

25–26 Falte die Ecken des zweiten Papiers wie abgebildet um und falte den Faltschritt 22 und 23. Nun kannst du die zwei Teile zusammenschieben.

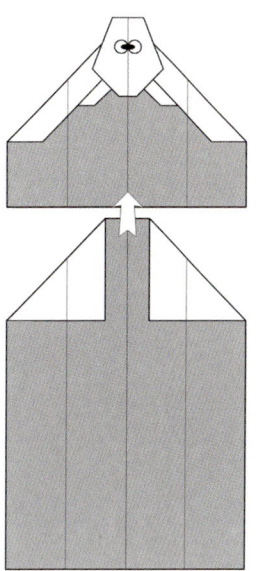

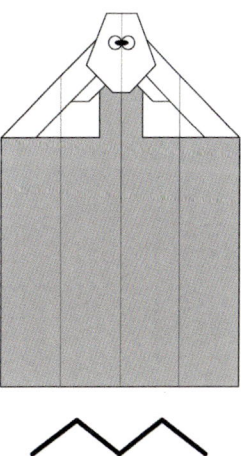

Die rote Serviette kürzen. Falls du die Serviette nicht mitgefaltet hast, kannst du sie auch jetzt noch dem Superhelden auf den Rücken kleben.

Jetzt zum Einsatz: „Die Welt muss gerettet werden." Aber halt! Ohne Heldenlogo geht es nicht. Zeichne oder klebe deinem Helden noch ein Abzeichen auf die Brust, und dann kann es losgehen. Vorlagen findest du auf Seite 78.

Fledermausmann

beschützt dich in der Nacht

Motivgröße
ca. 35 cm x 20 cm x 5 cm

Material
* 2 A4 Papiere in Schwarz
* evtl. 2 Wackelaugen, ø 5 mm

Vorlagen
Seite 78

Man könnte sagen, sie sind aus demselben Holz geschnitzt. Denn bis auf ein paar Unterschiede wird der Fledermausmann wie der Unschlagbare Superheld gemacht. Warum das so ist? Ganz klar: Sie sind beide fliegende Heroes und retten die Guten vor den Bösen.

1 Falte den Unschlagbaren Superhelden (siehe Seite 46) bis Faltschritt 19.

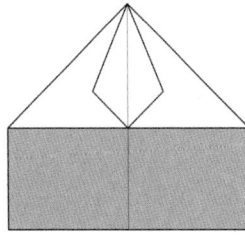

2 Ziehe die inneren Spitzen als Fledermaus-ohren nach außen.

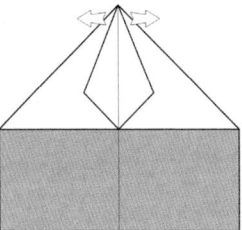

3 Bergfalte die obere Spitze nach hinten.

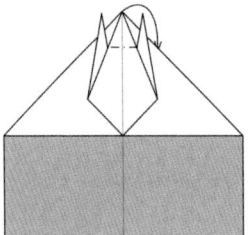

4–7 Jetzt machst du beim Faltschritt 21 des Unschlagbaren Superhelden weiter.

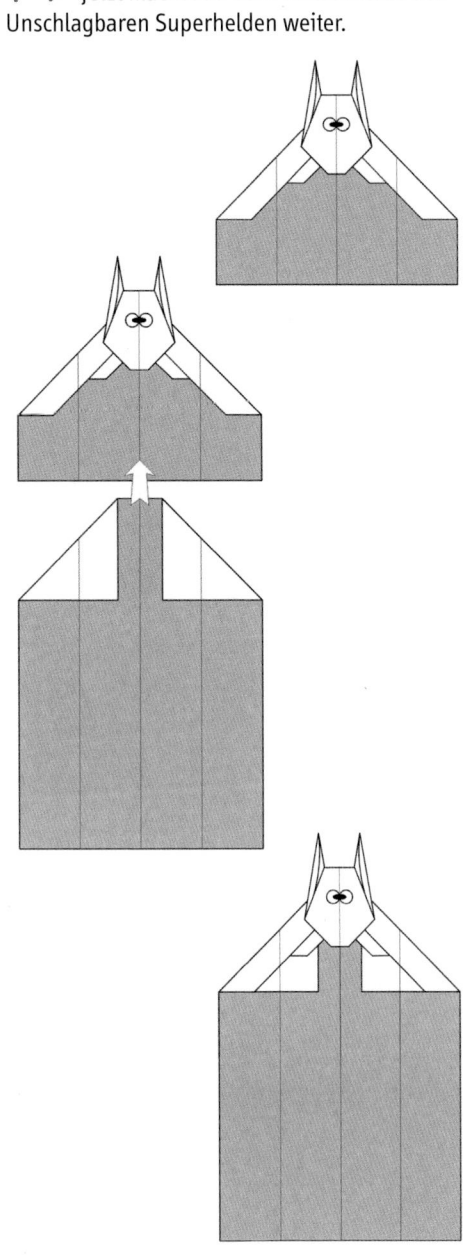

Sternenritter

Meister des Lichtschwerts

Motivgröße
ca. 35 cm 20 cm x 5 cm

Material
* 2 A4 Papiere in Grün
* 2 ovale Wackelaugen,
  7 mm x 10 mm

Vorlagen
Seite 78

So ein außerirdischer Kämpfer gegen das Imperium ist eine echte Herausforderung! Vergiss nicht, ihm das Emblem seines Ritterordens aufzumalen.

1 Falte den Fledermausmann (siehe Seite 50) bis Faltschritt 3.

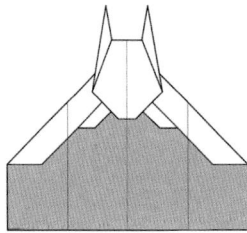

2 Ziehe die Fledermausmannohren wie abgebildet zur Seite.

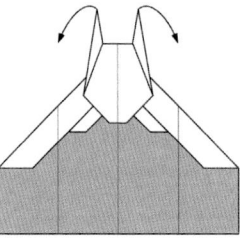

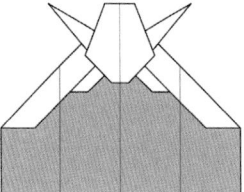

3–6 Falte beim Unbesiegbaren Superhelden ab Faltschritt 21 weiter.

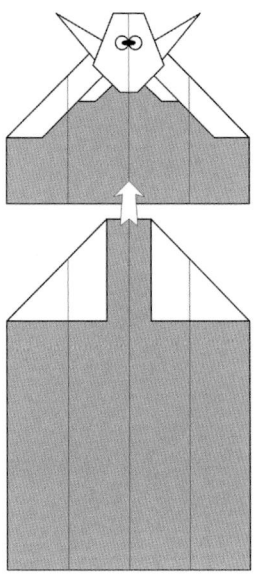

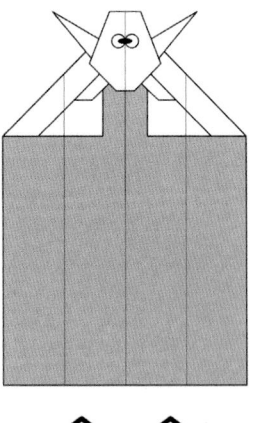

Wenn ein neuer Lehrer
möchte, dass ihr
Namensschilder
schreibt, kannst
du einen Superhel-
den falten und
deinen Namen auf den
Rücken des Helden schreiben.
Aber Achtung, dein Lehrer
wird dieses Namensschild
sicherlich behalten wollen!

UFO
unbekanntes Flug-Objekt

Motivgröße
ca. ø 20 cm

Material
* Origamipapier in
Silber

Wenn du das Raumschiff zur Deko in deinem Zimmer aufhängen möchtest, kannst du zwei „Untertassen" mit den Unterseiten aufeinander kleben.

Die fliegende Untertasse, auch UFO genannt, wurde von so manch einem schon gesichtet und fotografiert. UFOs werden von unbekannten, meist außerirdischen Piloten geflogen. Geheimnisvoll, nicht wahr?

1 Talfalte die linke Kante auf die untere Kante und falte das Papier wieder auf.

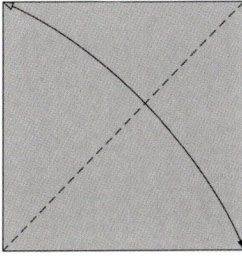

2 Talfalte die untere Kante auf die obere Kante und falte das Papier wieder auf.

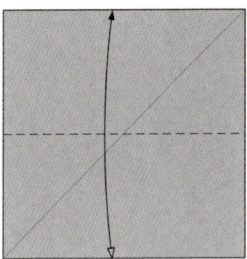

3 Talfalte die linke Kante auf die rechte Kante und falte das Papier wieder auf.

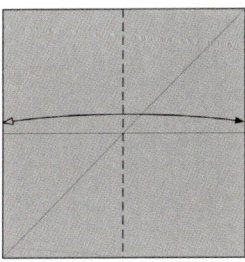

4 Talfalte die zwei dünnen Linien wie abgebildet aufeinander.

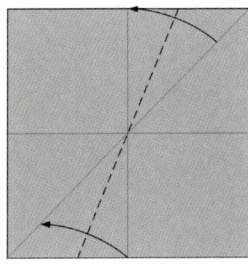

5 Talfalte die vorderen zwei Dreiecke und bergfalte die hinteren (grauen) Dreiecke wie abgebildet.

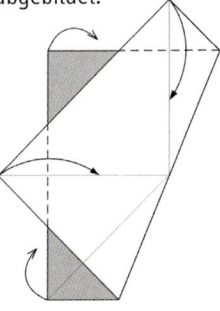

6 Klappe die obere Papierlage wieder auf.

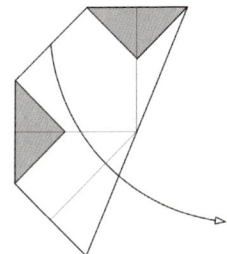

7 Drehe das Papier um.

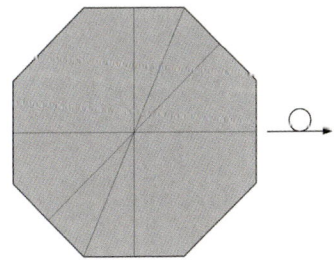

8–9 Falte mit einer Berg- und einer Talfalte das Papier unter das linke obere kleine Dreieck. Der Mittelpunkt der Untertasse geht dabei nach oben.

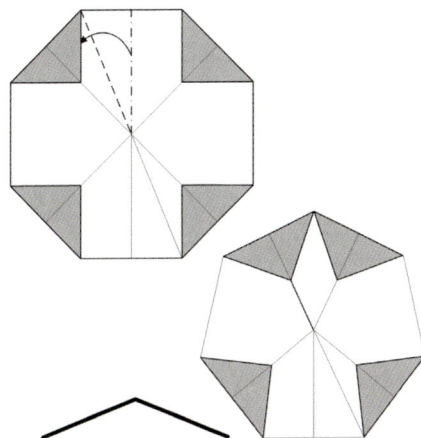

10 Talfalte der Reihe nach alle Kanten wie abgebildet um.

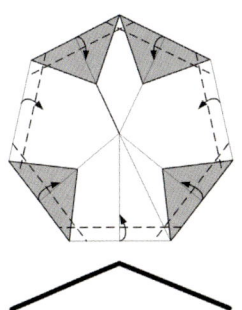

11–12 Klappe die Ränder kreisförmig nach oben. Du kannst auch vorsichtig die offene Seite eines Trinkglases auf die Mitte deiner Untertasse drücken. Drehe die Untertasse um.

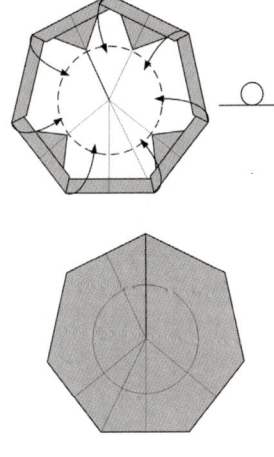

Das Raumschiff fliegt nur, wenn es sich wie ein Kreisel dreht. Wirf deine Untertasse also wie eine Frisbee®-Scheibe.

Aladins fliegender Teppich

einfach märchenhaft

Motivgröße
ca. 19 cm x 16 cm x 2 cm

Material für den karierten Teppich

* A4 Papier in Beige
* Origamipapier in Rot
* Origamipapier mit Teppichmuster
* Fotokarton in Weiß (für den Aladin)
* evtl. 4 kleine Diamantaufkleber

Besondere Hilfsmittel

* Schere
* Buntstifte

Vorlagen
Seite 78

Schneide ein Foto von dir aus und verwende es anstelle Aladins.

Magisch und leise schwirrt er – wie durch Zauberhand – durch die Lüfte. Allerdings ist es keine Zauberei, diesen fliegenden Teppich aus Papier schweben zu lassen. Lediglich ein gutes Fingerspitzengefühl beim Starten ist hier gefragt.

1 Talfalte die untere Kante entlang der gestrichelten Linie genau auf die obere Kante und falte das Papier wieder auf.

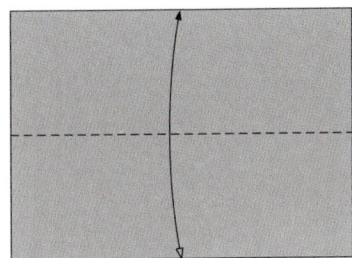

2 Falte nun die zwei linken Ecken zu einer Spitze auf den Mittelfalz.

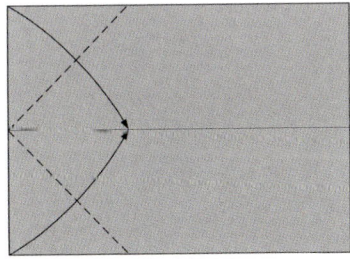

3 Falte die entstandene linke Spitze auf die zwei in die Mitte gefalteten Ecken mittels einer Talfalte.

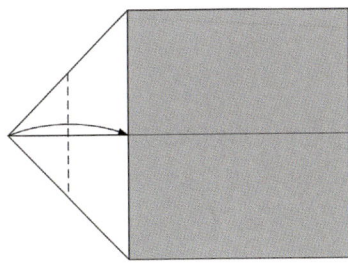

4 Falte die linke Kante nach rechts.

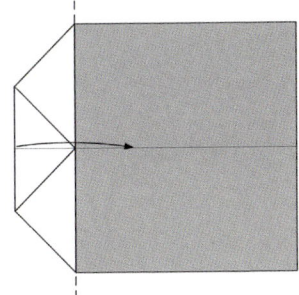

5 Talfalte die untere Kante genau auf die obere Kante.

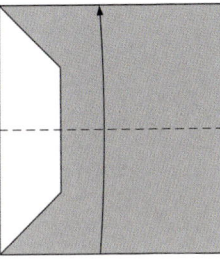

6 Falte jeweils die obere Kante nach unten. Der Abstand zum oberen Rand sollte 1,5 cm groß sein. Dies werden die Teppichfransen.

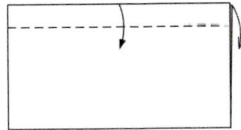

7 Falte jeweils die obere Kante nochmals nach unten. Der Abstand zum unteren Rand sollte 2 bis 3 cm groß sein.

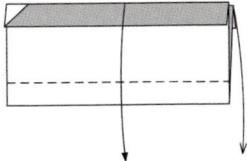

8–9 Falte den fliegenden Teppich jetzt noch etwas auseinander, sodass er von der Seite aus gesehen so aussieht.

Jetzt ist der magische Teppich bereit zum ersten Testflug. Nimm ihn in die Hand und wirf ihn so leicht du kannst von dir weg. Er wird dann mit ein paar Schleifen und Drehungen Richtung Boden fliegen. Wenn er nicht richtig fliegt, dann beschwere den fliegenden Teppich vorne mit einer kleinen Wäscheklammer.

10–11 Schneide das rote Origamipapier so zurecht, dass du es auf deinen fliegenden Teppich aufkleben kannst. Vorne und hinten sollten jeweils 1,5 cm für die Teppichfransen frei bleiben. Schneide das gemusterte Origamipapier etwas kleiner als das rote Origamipapier und klebe es auf das rote Origamipapier.

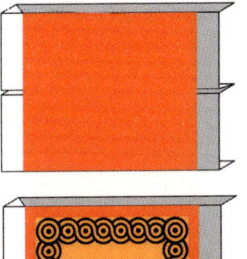

12 Um die Flugbahn zu verändern, kannst du rings um deinen Teppich herum Teppichfransen schneiden. Oder du malst sie auf.

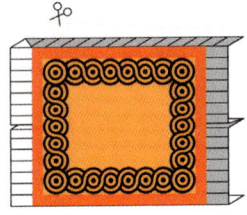

Fertige von Aladin eine Schablone an, übertrage die Umrisse auf Fotokarton und schneide ihn aus. Klebe nach dem Ausmalen zwei der Diamantaufkleber als Ohrringe auf die Ohren und auf die Spitze des Turbans.

Nachtflieger

Leise fliegen sie durch die Nacht. Nur durch nachtleuchtende Aufkleber sind sie noch zu erkennen, wenn sie lautlos an dir vorbeischweben und dich mit ihren geheimnisvollen Augen beobachten! Die Oculus-Drohnen sind unterwegs. Der Scrapper hat vier Flügel oder Düsen. Er kann als Löschflugzeug nächtliche Brände löschen. Der Jet, der nachts zum Transformer wird, ist als Einziger dem Oculus gewachsen.

Jagendes Oculus

Du bist durchschaut!

Motivgröße
ca. 15 cm x 20 cm x 6 cm

Material
Für den Flieger
mit den Augen

* A4 Papier in Schwarz
* Origamipapier in Weiß und Rot (für die Augen)
* evtl. gelbe Acrylfarbe (für die Streifen) und Pinsel

Besondere
Hilfsmittel

* Heftlocher
* Klebestift

Dieser Flieger gehört zu den eindrucksvollsten. Die wilden Augen wirken im Flug äußerst gefährlich, sie scheinen alles im Blick zu haben. Verleihe ihm ein unheimliches Aussehen! Denke dir weitere Varianten aus.

1 Talfalte die untere Kante entlang der gestrichelten Linie genau auf die obere Kante und falte das Papier wieder auf.

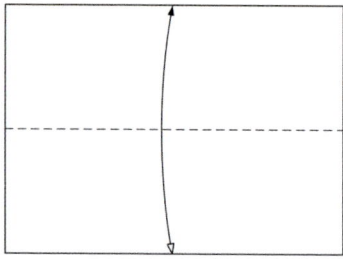

2 Talfalte die linke Kante entlang der gestrichelten Linie genau auf die rechte Kante.

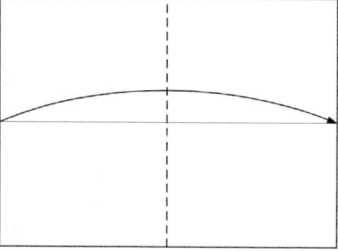

3 Falte nun die zwei linken Ecken auf den Mittelfalz, sodass links eine Spitze entsteht.

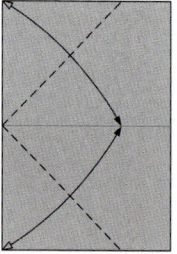

4 Falte das Papier wieder auf.

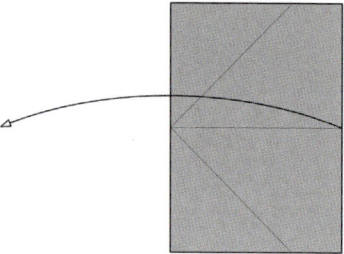

5 Falte die Strichpunktlinie mittels Bergfaltung auf die dünne Linie in der Mitte. Falte dabei die linke Kante auf die rechte Kante. Vergleiche den Faltschritt 8 von der Taube (siehe Seite 40).

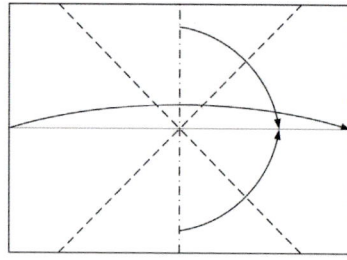

6 Falte die entstandene linke Spitze nach rechts.

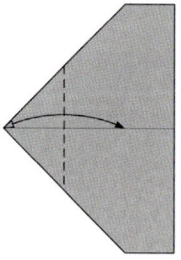

7 Schneide die obere Papierlage bis zum entstandenen Falz auf.

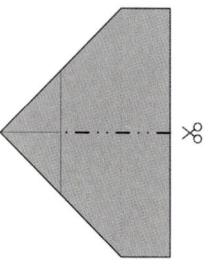

8 Talfalte die obere geschnittene Spitze entlang der gestrichelten Linie. Richte dich nach dem Falz aus Faltschritt 6.

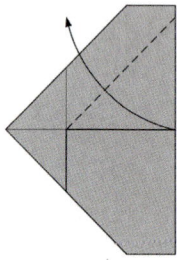

9 Bergfalte das Dreieck unter den oberen Flügel.

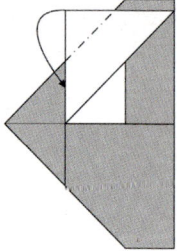

10 Talfalte nur den oberen Flügel entlang der gestrichelten Linie nach unten.

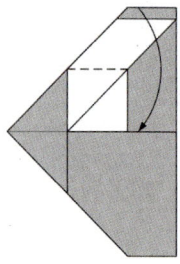

11 Talfalte den Flügel wieder etwas nach oben. Richte dich dabei nach der darunter liegenden ungefalteten Papierlage.

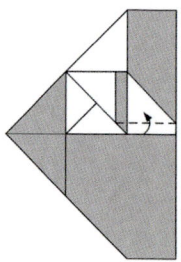

12 Klappe den Flügel wieder nach oben.

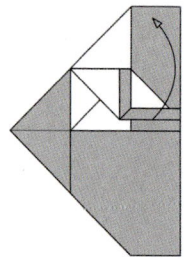

13 Wiederhole die Faltschritte 8 bis 12 mit dem unteren Flügel.

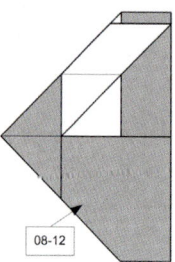

14 Talfalte die untere Kante entlang der gestrichelten Linie genau auf die obere Kante.

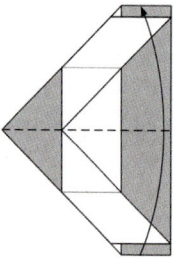

15 Talfalte den vorderen Flügel nach unten. Der Abstand zum unteren Rand sollte 2 bis 3 cm groß sein.

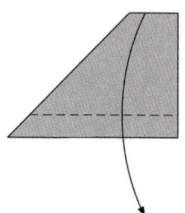

16 Bergfalte den hinteren Flügel nach unten. Der Abstand zum unteren Rand sollte der gleiche sein wie bei Schritt 15.

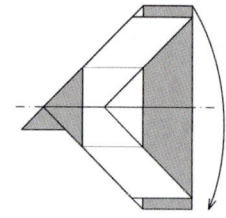

17–18 Stelle die Flügel wie abgebildet auf.

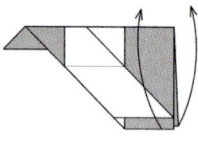
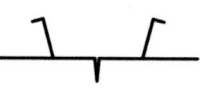

Schneide für die Augen einen Kreis von etwa 3,5 cm Durchmesser und einen Kreis in der Größe eines Heftloches aus dem weißen Origamipapier aus. Schneide einen Kreis von etwa 2 cm Durchmesser aus dem roten Origamipapier aus. Klebe nun die Kreise der Größe nach wie abgebildet versetzt aufeinander. Schneide die Kreise nun in der Mitte auseinander und klebe die beiden Augen auf deinen Flieger.

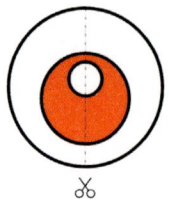

Scrapper

auf geheimer Mission in der Dämmerung

Motivgröße
ca. 15 cm x 16 cm x 2 cm

Material
* A4 Papier in Pink
* Origamipapier in Blau gemustert

Besondere Hilfsmittel
* Klebestift
* evtl. Stern-Motivstanzer

Vorlagen
Seite 76+77

Hier kommt ein Scrapper – Lasse dich inspirieren und gestalte dein eigenes Spionageflugzeug, das besonders gut zu dir passt!

1 Talfalte die linke Kante entlang der gestrichelten Linie genau auf die rechte Kante.

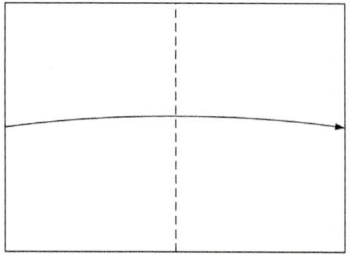

2 Talfalte die untere Kante entlang der gestrichelten Linie genau auf die obere Kante.

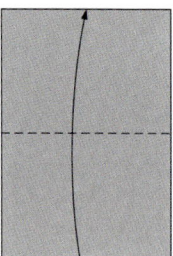

3 Talfalte die linke Kante der oberen Papierlage auf die untere Kante.

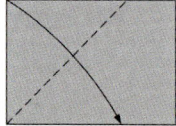

4–5 Falte das Dreieck nach oben, drücke es auseinander und nach unten.

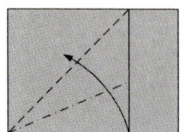
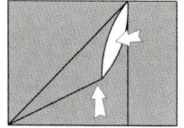

6 Drehe das Papier um.

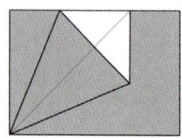

7 Wiederhole die Faltschritte 3 bis 6 auf der rechten Seite.

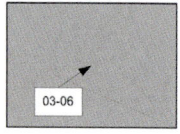

8–9 Falte den Flieger auf.

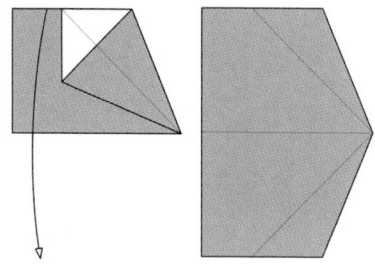

10 Talfalte die äußeren Ecken entlang dem Falz nach innen.

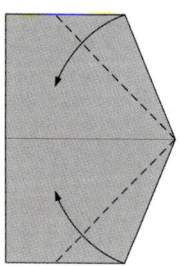

11 Falte die obere Kante und die untere Kante entlang den gestrichelten Linien um und falte das Papier wieder auf.

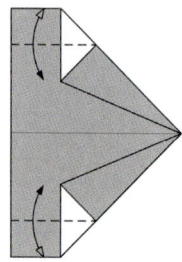

12 Talfalte die untere Kante entlang der gestrichelten Linie genau auf die obere Kante.

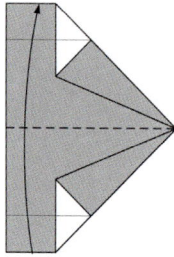

13 Falte die Flügel nach unten. Der Abstand zum unteren Rand sollte dabei 2 bis 3 cm groß sein.

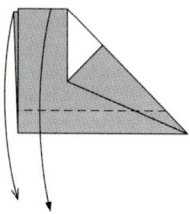

14–15 Stelle die Flügel wie abgebildet auf.

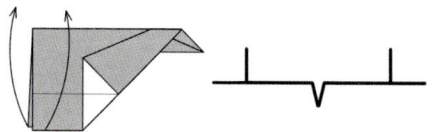

Den Scrapper kannst du jetzt noch wie abgebildet verzieren.

Scrapper mit Düsen

Assassine im Morgenrot

Motivgröße
ca. 17 cm x 14,5 cm x 1 cm

Material
* A4 Papier in Pink gemustert oder in Flecktarn (nachtleuchtend)

Besondere Hilfsmittel
* Klebestift

1 Falte den Scrapper (siehe Seite 63) bis Faltschritt 9. Drehe den Flieger um.

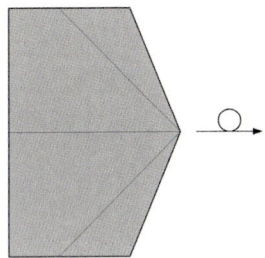

2 Talfalte die kleinen Kanten auf den Falz und falte das Papier wieder auf.

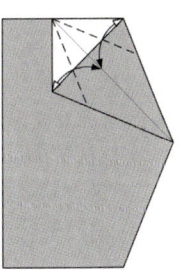

3–4 Talfalte die Kante in Pfeilrichtung. Drücke dabei die Seiten zusammen.

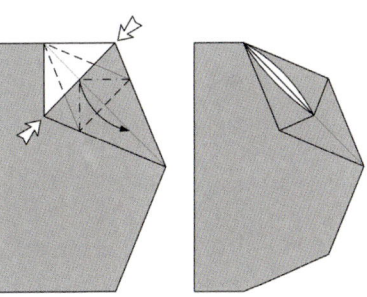

5 Bergfalte die eine Seite nach hinten.

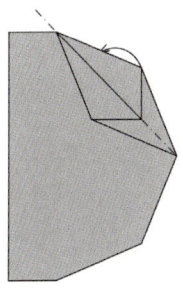

6 Falte die obere Kante entlang der gestrichelten Linie bis zum Mittelfalz und falte das Papier wieder auf.

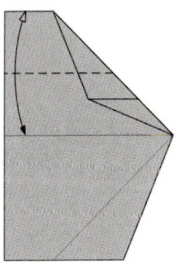

7 Falte die obere Kante entlang der gestrichelten Linie auf den neuen Falz und falte das Papier wieder auf.

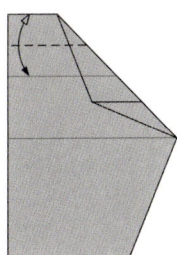

8 Falte nochmals mittig zwei Talfalten und falte das Papier wieder auf.

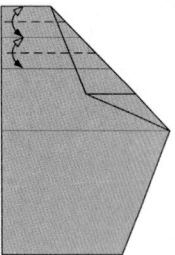

9 Wiederhole die Faltschritte 2 bis 8 auf der unteren Seite.

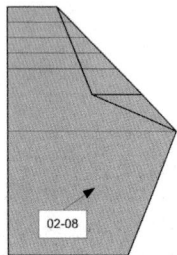

10 Bergfalte die untere Kante entlang der Strichpunktlinie genau auf die obere Kante.

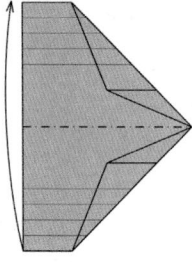

11 Falte den einen Flügel nach unten. Der Abstand zum unteren Rand sollte 2 bis 3 cm groß sein.

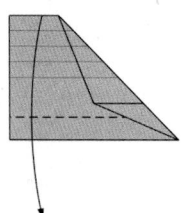

12 Drehe den Flieger um.

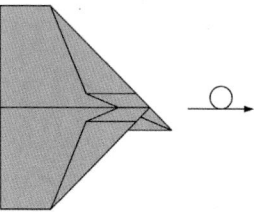

13 Falte nun die Düsen des Fliegers, indem du die oberen und die unteren vier Talfalten zu einer viereckigen Röhre faltest. Die dicke schwarze Linie zeigt dir, wie der Flieger von der Seite aussieht. Die Düsen kannst du mit Klebstoff fixieren.

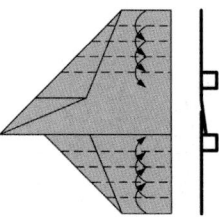

14 Falte den anderen Flügel vorsichtig nach unten. Der Abstand zum unteren Rand sollte 2 bis 3 cm groß sein.

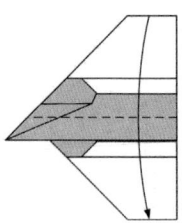

15–16 Stelle die Flügel wie abgebildet auf.

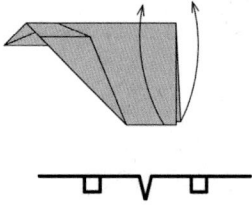

So kämpfen Gut und Böse: Lass Dracula gegen die Superhelden von Seite 46–53 antreten. Kann der Vampir ihrer geballten Kraft entkommen?

Graf Dracula

Mitternacht ist seine Stunde

Motivgröße

ca. 35 cm x 20 cm x 5 cm

Material

* 2 A4 Papiere in Rot
* evtl. 2 Wackelaugen, ø 5 mm

Vorlagen

Seite 78

Graf Dracula ist meistens um Mitternacht unterwegs und schwirrt lautlos durch die Dunkelheit. Fühlt er sich ungesehen, steigt er durch Fenster und schleicht durch Häuser auf der Suche nach ... Tomatenketchup, ist doch klar!

1 Falte den Fledermausmann (siehe Seite 50) bis Faltschritt 3.

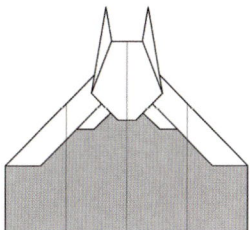

2 Falte die Ohren des Fledermausmanns nach innen zurück, sodass sie unten als Vampirzähne herausschauen.

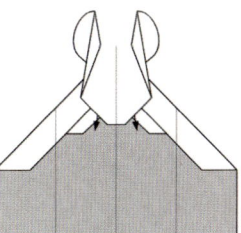

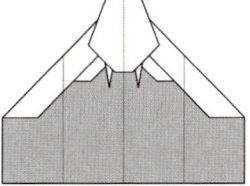

3–6 Jetzt machst du beim Faltschritt 21 des Unschlagbaren Superhelden (siehe Seite 46) weiter.

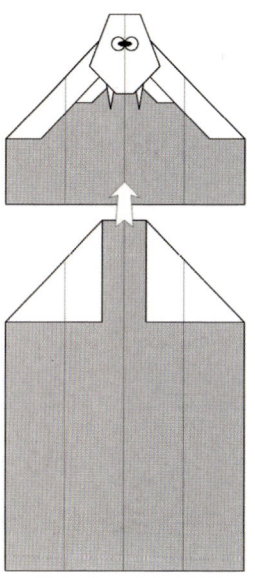

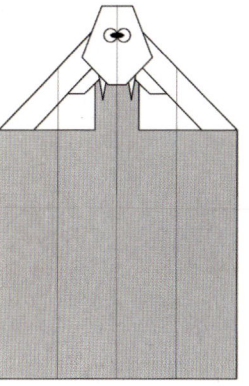

Löschflugzeug

Hilfe aus der Luft

Motivgröße
ca. 25 cm x 16 cm x 10 cm

Material
* A4 Papiere in Blau
* leichtes, weißes Papier

Besondere Hilfsmittel
* Klebestift
* evtl. Stern-Motivstanzer

Vorlagen
Seite 76/77

1 Falte den Scrapper (siehe Seite 63) bis Faltschritt 11. Bergfalte die untere Kante entlang der Strichpunktlinie genau auf die obere Kante.

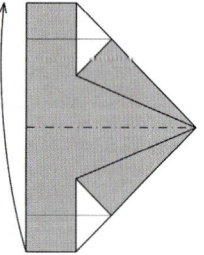

2 Falte die Flügel nach unten. Der Abstand zum unteren Rand sollte dabei 2 bis 3 cm groß sein.

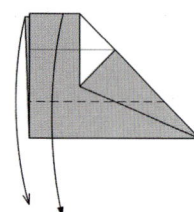

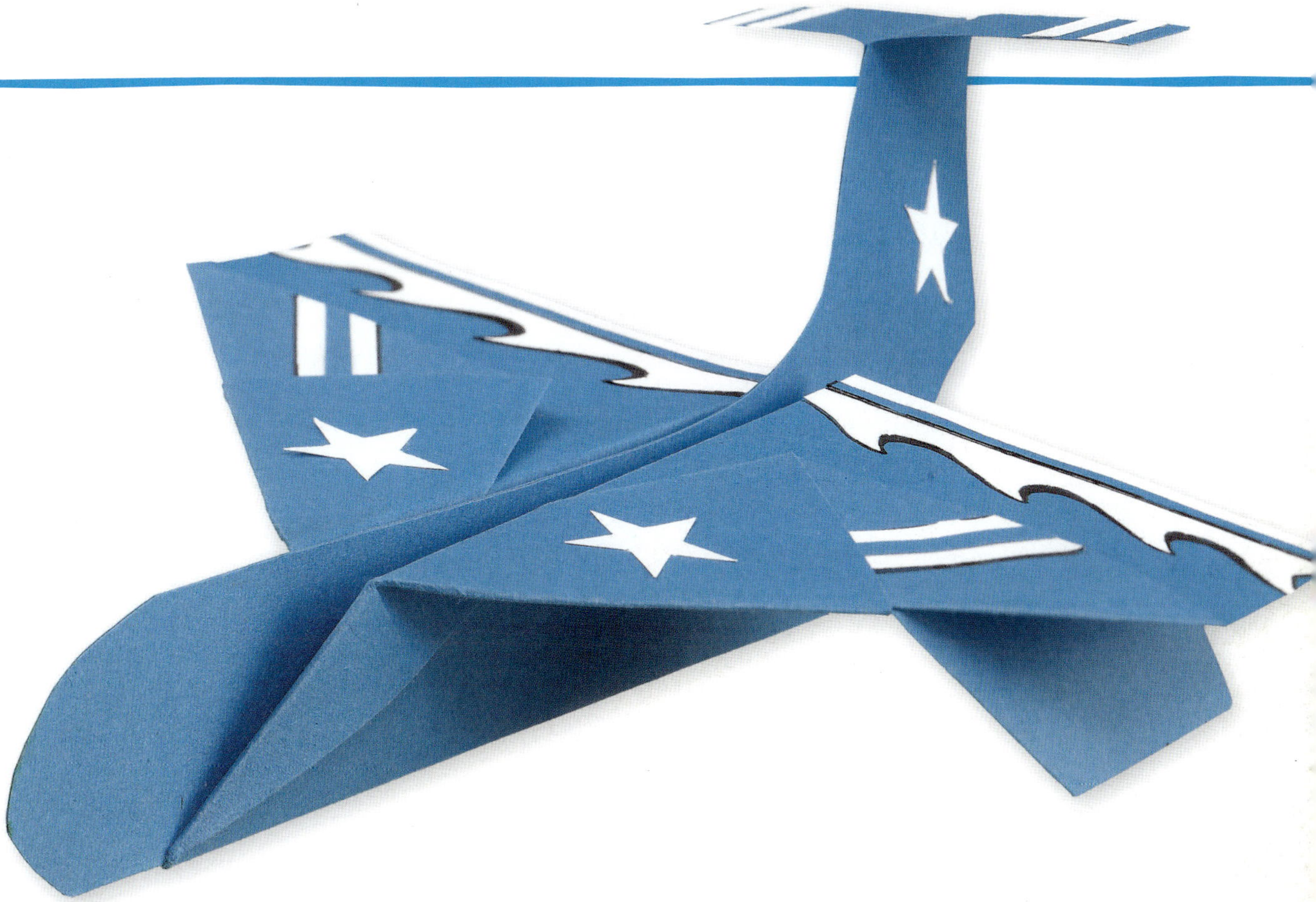

3 Nimm für den Rumpf ein zweites Papier und talfalte die untere Kante entlang der gestrichelten Linie genau auf die obere Kante.

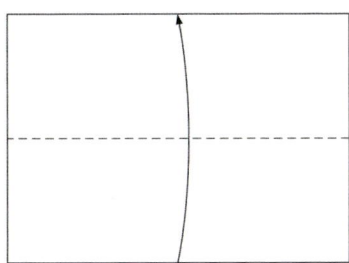

4 Stecke das Papier in den fertigen Flieger.

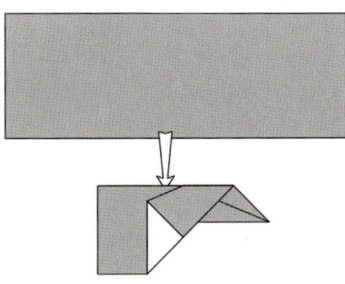

5 Zeichne mit einem Bleistift den Rumpf und das Leitwerk auf das Papier. Schneide den gewünschten Umriss aus.

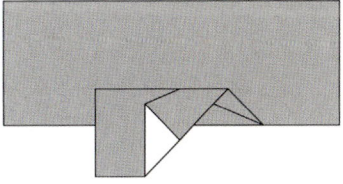

6–7 Stelle die Flügel und das Leitwerk wie abgebildet auf.

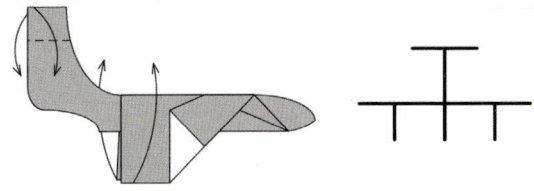

Für den Rumpf ist eine Vorlage vorhanden, aber du kannst es vielleicht auch ohne Vorlage. Wenn du die Wellen aufkleben möchtest, dann fertige von diesen eine Schablone an, übertrage die Umrisse auf das farbige Papier und schneide die Wellen aus.

Transformer

Jagdflugzeug und Roboter in einem

Motivgröße
ca. 25 cm x 18 cm x 4 cm

Material
* A4 Papier in Schwarz
* Origamipapier in Rot (für die Augen und Streifen) und Grau (für die Cockpit-Fenster)
* Lackmalstifte in Weiß und Schwarz
* evtl. Leuchtaufkleber

Besondere Hilfsmittel
* Klebestift

Vorlagen
Seite 77

Transformieren bedeutet verändern oder verwandeln. Dieser Flieger ist also verwandlungsfähig. Er fliegt als Nightfighter durch die Dunkelheit und kann am Ensatzort innerhalb weniger Sekunden zu einem grimmigen Kampfroboter werden. Auch hier kannst du deiner Fantasie freien Lauf lassen und deinen ganz individuellen Transformer erschaffen.

1 Lege das Papier so, wie abgebildet, vor dich auf einen Tisch und falte die untere Kante genau auf die obere Kante. Falte das Papier wieder auf und drehe es um.

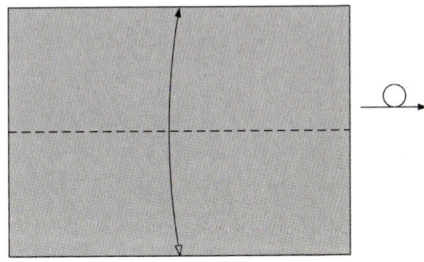

2 Falte nun die zwei linken Ecken auf den Mittelfalz.

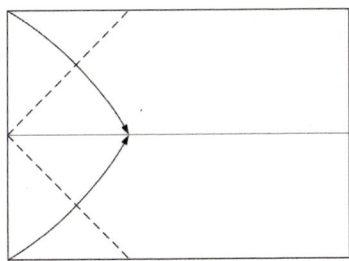

3 Falte die entstandene linke Spitze mittels einer Talfalte nach rechts.

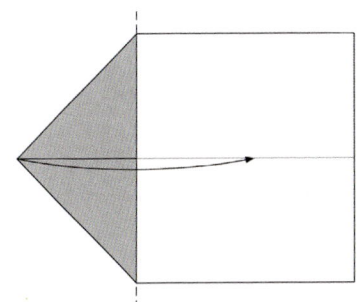

4 Falte die obere linke Ecke und die untere linke Ecke auf den Mittelfalz und lasse dabei links ca. 4 cm breit Platz. Falte die Faltungen wieder auf.

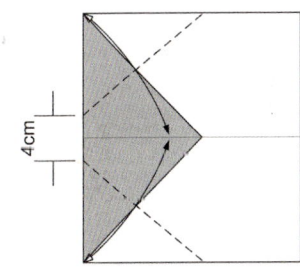

4cm

5 Klappe die Spitze wieder nach rechts auf.

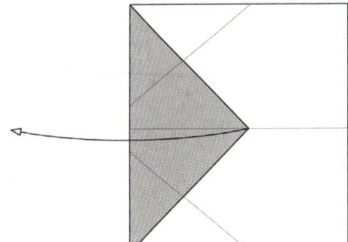

6 Talfalte die obere schräge Kante und die untere schräge Kante auf den Mittelfalz und falte das Papier wieder auf.

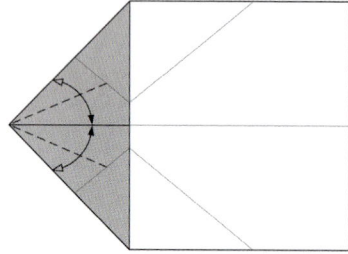

7 Falte die linke obere Ecke und die linke untere Ecke mittels Bergfaltung auf die dünne Linie in der Mitte, sodass die schwarzen Punkte zusammentreffen. Falte die linke Spitze dabei nach rechts. Vergleiche dein Ergebnis mit dem Faltschritt 8 der Taube (siehe Seite 36).

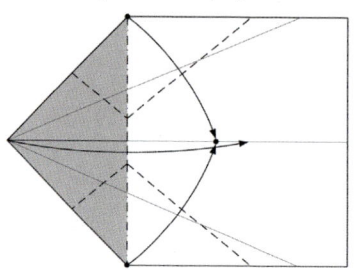

8 Talfalte die Spitze nach links und drücke dabei die Seiten zusammen.

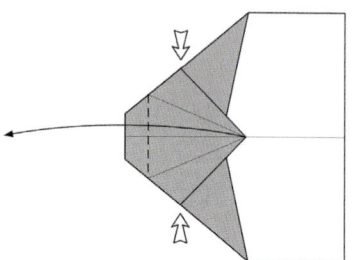

9 Talfalte den oberen Flügel und den unteren Flügel ca. 1 cm breit nach innen und falte das Papier wieder auf. Bergfalte die untere Kante auf die obere Kante.

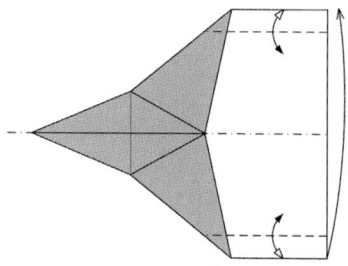

10 Falte die Flügel nach unten. Die Faltung kann hier ruhig schräg verlaufen.

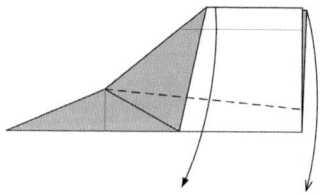

11–12 Stelle die Flügel wie abgebildet auf.

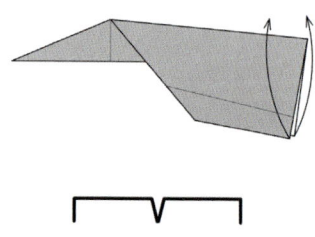

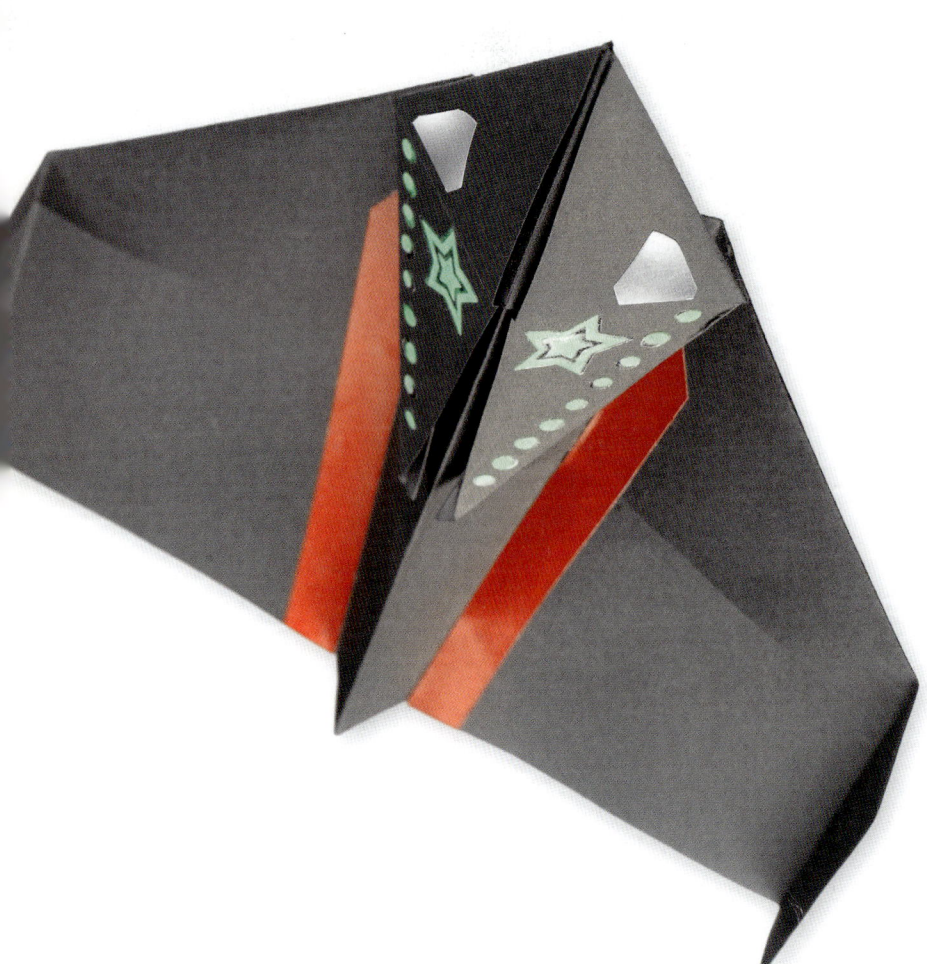

13 Klebe oder male ein paar Cockpit-Fenster auf deinen Flieger auf.

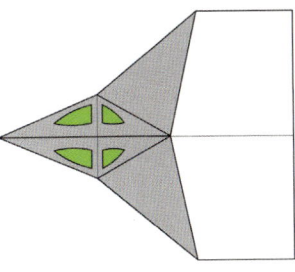

14 Klappe die Spitze nach rechts um.

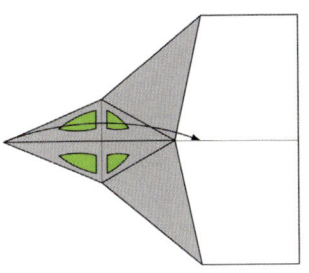

15 Klebe oder male nun ein Roboter-Gesicht auf dieser Seite auf.

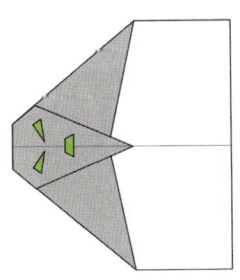

Beklebe oder bemale die obere Seite des Fliegers als Düsenjet und die untere Seite als grimmigen Kampfroboter.

Vorlagen

Manche Vorlagen hier im Buch sind verkleinert dargestellt. Diese Vorlagen bitte einfach mit dem angegebenen Vergrößerungsfaktor im Copyshop kopieren und dann diese Kopien wie normale Vorlagen nutzen.

Combatant
SEITE 14

Scrapper
SEITE 63

Löschflugzeug
SEITE 70

Pterosaurus
SEITE 26

Luftpirat
SEITE 21

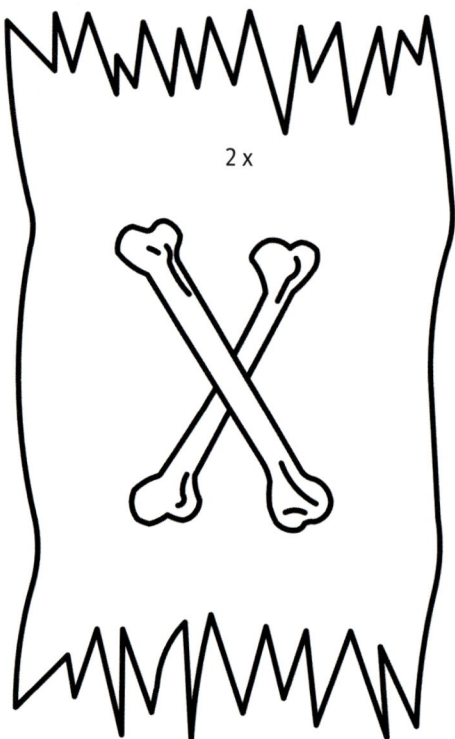

2 x

2 x

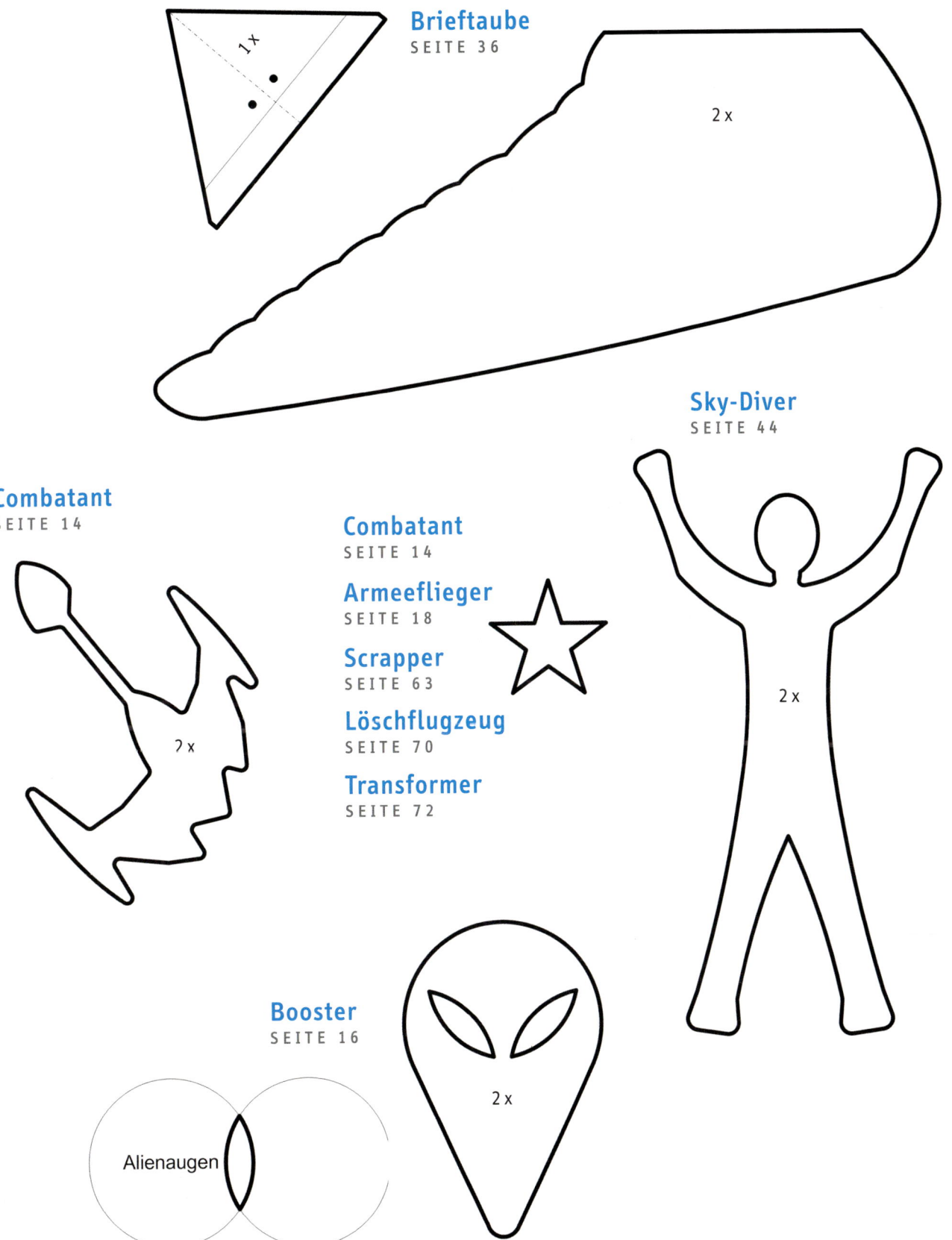

Brieftaube
SEITE 36

1x

2x

Sky-Diver
SEITE 44

Combatant
SEITE 14

Combatant
SEITE 14

Armeeflieger
SEITE 18

Scrapper
SEITE 63

Löschflugzeug
SEITE 70

Transformer
SEITE 72

2x

2x

Booster
SEITE 16

Alienaugen

2x

Unschlagbarer Superheld
SEITE 46

Fledermausmann
SEITE 50

Sternenritter
SEITE 52

Graf Dracula
SEITE 68

1 x

Löschflugzeug
SEITE 70

bitte auf 200 % vergrößern

1 x

Aladins fliegender Teppich
SEITE 56

20 cm x 10 cm
30 cm x 15 cm
40 cm x 20 cm

Cho, der Schmetterling
SEITE 40

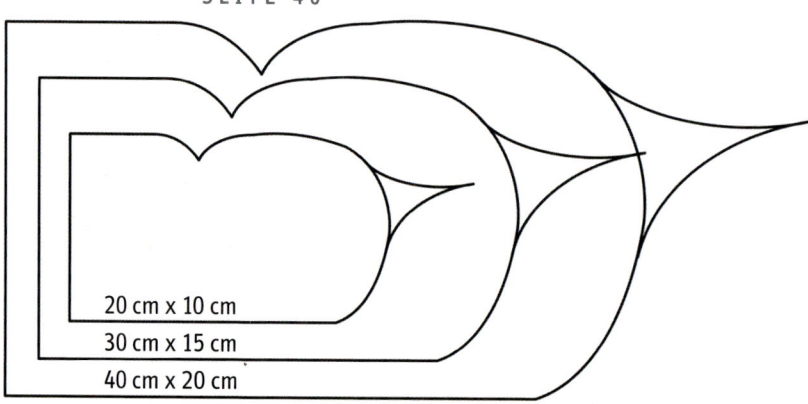

20 cm x 10 cm
30 cm x 15 cm
40 cm x 20 cm

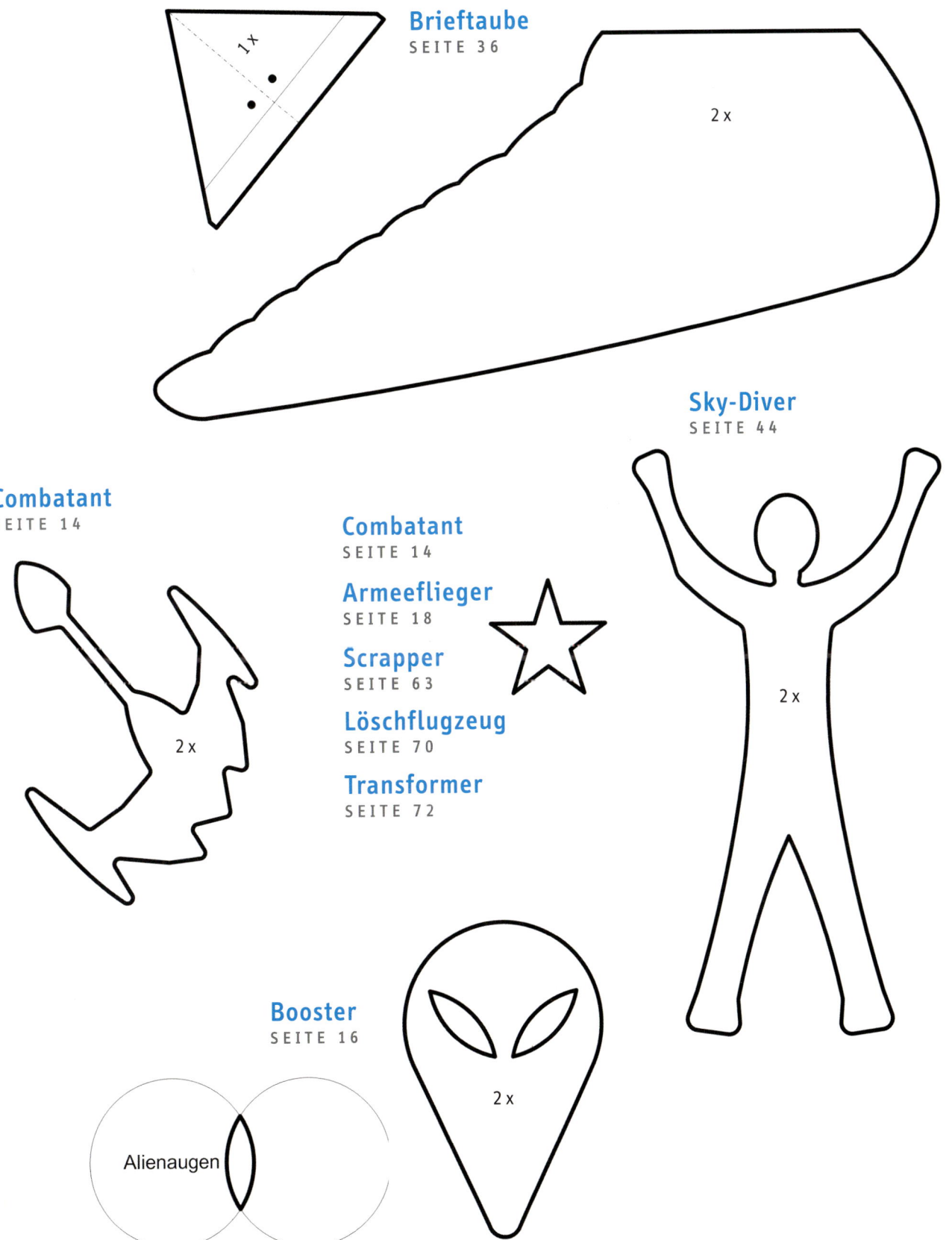

Brieftaube
SEITE 36

1 x

2 x

Sky-Diver
SEITE 44

Combatant
SEITE 14

Combatant
SEITE 14

Armeeflieger
SEITE 18

Scrapper
SEITE 63

Löschflugzeug
SEITE 70

Transformer
SEITE 72

2 x

2 x

Booster
SEITE 16

2 x

Alienaugen

Unschlagbarer Superheld
SEITE 46

Fledermausmann
SEITE 50

Sternenritter
SEITE 52

Graf Dracula
SEITE 68

1 x

Löschflugzeug
SEITE 70

bitte auf 200 % vergrößern

1 x

Aladins fliegender Teppich
SEITE 56

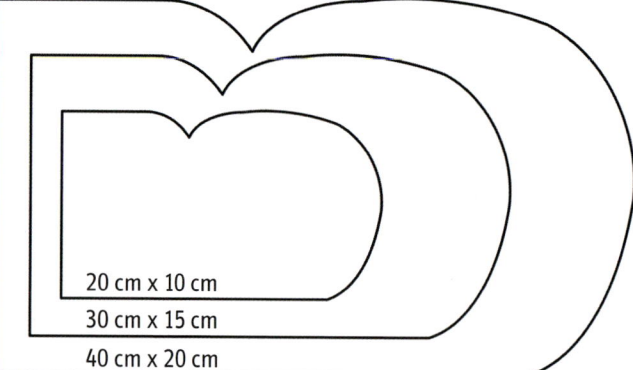

20 cm x 10 cm

30 cm x 15 cm

40 cm x 20 cm

Cho, der Schmetterling
SEITE 40

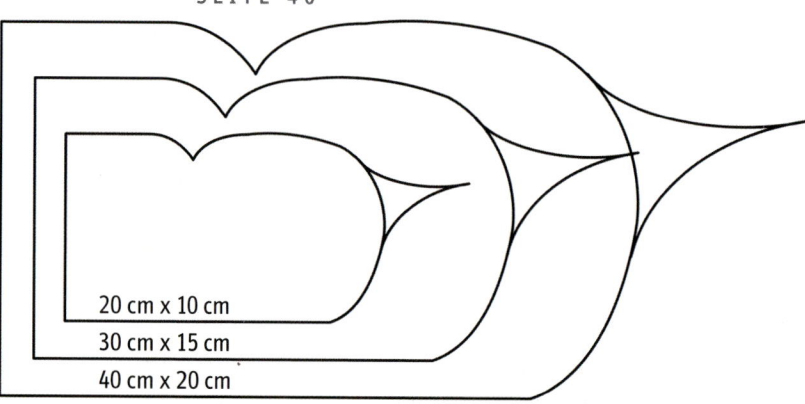

20 cm x 10 cm

30 cm x 15 cm

40 cm x 20 cm

Buchtipps für dich

TOPP 5729
ISBN 978-3-7724-5729-6

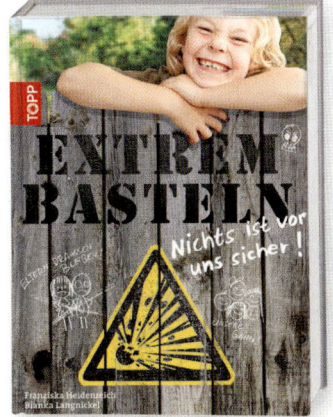

TOPP 5753
ISBN 978-3-7724-5753-1

TOPP 5754
ISBN 978-3-7724-5754-8

TOPP 5532
ISBN 978-3-7724-5532-2

TOPP 5626
ISBN 978-3-7724-5626-8

TOPP 5738
ISBN 978-3-7724-5738-8

TOPP 5812
ISBN 978-3-7724-5812-5

TOPP 3978
ISBN 978-3-7724-3978-0

TOPP 3816
ISBN 978-3-7724-3816-5

TOPP – Unsere Servicegarantie

WIR SIND FÜR SIE DA! Bei Fragen zu unserem umfangreichen Programm oder Anregungen freuen wir uns über Ihren Anruf oder Ihre Post. Loben Sie uns, aber scheuen Sie sich auch nicht, Ihre Kritik mitzuteilen – sie hilft uns, ständig besser zu werden.

Bei Fragen zu einzelnen Materialien oder Techniken wenden Sie sich bitte an unsere Kreativ-Hotline, Frau Erika Noll.

Das Produktmanagement erreichen Sie unter:
pm@frechverlag.de
oder:
frechverlag
Produktmanagement
Turbinenstraße 7
70499 Stuttgart
Telefon 07 11 / 8 30 86 68

LERNEN SIE UNS BESSER KENNEN! Fragen Sie Ihren Hobbyfach- oder Buchhändler nach unserem kostenlosen Kreativmagazin **Meine kreative Welt**. Darin entdecken Sie vierteljährlich die neuesten Kreativtrends und interessantesten Buchneuheiten.

Oder besuchen Sie uns im Internet! Unter **www.topp-kreativ.de** können Sie sich über unser umfangreiches Buchprogramm informieren, unsere Autoren kennenlernen sowie aktuelle Highlights und neue Kreativtechniken entdecken, kurz – die ganze Welt der Kreativität.

Kreativ immer up to date sind Sie mit unserem monatlichen **Newsletter** mit den aktuellsten News aus dem frechverlag, Gratis-Bastelanleitungen und attraktiven Gewinnspielen.

Dominik Meißner, 1966 in Berlin-Wilmersdorf geboren, begann bereits im Alter von zehn Jahren mit seinen ersten Papierfaltarbeiten. Seit etwa zwölf Jahren entwickelt der Diplom-Informatiker seine Origamiobjekte professionell selbst. Neben seinem Hauptberuf als Web-Entwickler in Luxemburg beschäftigt er sich täglich ca. vier bis fünf Stunden mit Origami. Dominik Meißner lebt heute mit seiner Familie im Saarland. www.orime.de

DANKE

Der Autor dankt seiner Lebensgefährtin Manuela Pieper für die kreative und kritische Unterstützung und für die gemeinsamen schöpferischen Fliegerbastelwochenenden.

Ein weiterer Dank geht an die nachstehenden Firmen für die Bereitstellung von Bastelmaterial: Artoz Papier AG (Lenzburg); Baier & Schneider GmbH &Co. KG (Heilbronn); Butterer Creativmarkt (Bruchsal).

Impressum

FOTOS: frechverlag GmbH, 70499 Stuttgart; lichtpunkt, Michael Ruder, Stuttgart

PRODUKTMANAGEMENT UND LEKTORAT: Susanne Dubbers und Anja Detzel

LAYOUT: Karoline Steidinger

DRUCK UND BINDUNG: Neografia, Slowakei

1. Auflage 2012

© 2012 **frechverlag** GmbH, 70499 Stuttgart

ISBN 978-3-7724-5776-0 • Best.-Nr. 5776

Kreativ-Hotline

Hilfestellung zu allen Fragen, die Materialien und Bücher zu kreativen Hobbys betreffen: **Frau Erika Noll** berät Sie. Rufen Sie an oder schreiben Sie eine E-Mail!

Telefon: 0 50 52 / 91 18 58*
   *normale Telefongebühren

E-Mail:
mail@kreativ-service.info